보고서
x
챗GPT

마음을 움직이는
보고서 작성법

김강욱 X 반병현

생능북스

마음을 움직이는
보고서 작성법

초판 인쇄 2023년 7월 14일
초판 발행 2023년 7월 21일

지은이 | 김강욱, 반병현
펴낸이 | 김승기
펴낸곳 | ㈜생능출판사 / **주소** 경기도 파주시 광인사길 143
브랜드 | 생능북스
출판사 등록일 | 2005년 1월 21일 / **신고번호** 제406-2005-000002호
대표전화 | (031) 955-0761 / **팩스** (031) 955-0768
홈페이지 | www.booksr.co.kr

책임편집 | 유제훈 / **편집** 신성민, 이종무
영업 | 최복락, 김민수, 심수경, 차종필, 송성환, 최태웅, 김민정
마케팅 | 백수정, 명하나

ISBN 979-11-92932-22-4 13000
값 18,000원

마음을 움직이는
보고서 작성법

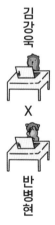

김강욱

X

반병현

머리말

보고서는 회사생활의 가장 중요한 소통 수단입니다. 형식은 다를지 언정 문서 없이 일하는 회사는 없습니다. 이 책은 보고서 작성이 두렵고, 어렵게 쓴 보고서를 상사에게 보고하기는 더 두려운 분들을 위한 안내서 입니다. 구체적인 보고서 작성법보다는 보고서를 둘러싼 역학관계에 초점을 뒀습니다. 선배와 차 한잔하며 들을 만한, 그러나 가볍게 듣고 지나치기엔 아쉬운 보고서 작성 노하우를 네 컷 만화와 함께 소개했습니다.

출간 제안을 받고 원고를 정리하면서 '내가 이런 책을 내도 되나?', '이런 내용을 담아도 되나?'라는 생각을 페이지를 넘길 때마다 했습니다. '혹시나 회사에 누가 되는 내용이 없을까?', '아직도 나는 배우는 중인데…' 하면서 말입니다. 하지만 보고서를 둘러싼 경험만큼은 그 누구보다 섬세하고 즐겁게 기억하고, 기록했기에 보고서로 고민 중인 누군가에겐 도움이 되리라 확신합니다.

블로그에 그쳤을 글을 책으로 만들어준 생능출판사 김민수 이사님과 책의 취지에 맞게 편집해 주신 유제훈 차장님께 감사드립니다. 챗GPT(ChatGPT)라는 핫한 트렌드로 책에 생생한 색깔을 입혀준 반병현 작가님에게도 감사드립니다. 끝으로 제 시시콜콜한 이야기를 밤늦게까지

들어주고, 그 이야기가 책이 되도록 함께해준 아내 이유진에게 고마운
마음을 전합니다.

김강욱 드림

목차

보
고
서
의

중
요
성

보고서 쓰는 데 과하게 신경 쓰는 건 소모적이라 말하는 사람이 있다. 실제 업무가 문서보다 중요하다는 점을 강조하기 위함일 텐데 수달[1] 도 같은 생각이다. 상사에게 조사 하나하나 꼼꼼하게 지적

....

1〉 저자의 필명

9

받고 있노라면 이게 다 뭔가 싶을 때가 있다. 별 차이도 없어 보이는데 말이다. 이 표현은 저 표현으로, 이 문장은 저 문장으로 이리저리 바꾸라는 상사. 도대체 왜 그러는 걸까?

백번 양보해도 상사는 내 보고서 까기에 진심이다. 1시간 가까이 쩔쩔매다 나오니 보고서로 칭찬도 받고, 칼퇴근도 하고, 우리 부서 에이스로 거듭나 보자는 애초의 다짐은 어느새 온데간데없다.

밤늦도록 사무실에 남아 알아보기도 힘들게 받아적어 온 상사의 코멘트를 노려보며 썼다 지우기를 반복한다. 그러다 문득 '이게 진짜 맞아?'라고 몇 번 되뇌다 보면 동기(動機)는 금세 휘발된다. 인정받겠다든지 증명하겠다든지 다 필요없고 집에만 가고 싶다. 보고서 잘 써야 하는 이유를 '내' 입장에서 아무리 찾아봐야 부족하다는 말이다.

이제 내가 아닌 '상사' 입장에서 보고서 잘 써야 하는 이유를 찾아보자. '그래, 그럴 수 있겠어'라고 납득할 만한 이유를 말이다.

최후의 보루

업무나 사업이 순조롭게 흘러갈 때, 그러니까 일반적인 상황에서는 보고서가 그다지 중요하지 않다. 반복된 업무에 관한 보고서도 그렇다. 기존 자료를 바탕으로 변동사항을 확인하는 정도만 돼도 충분하다. 매번 새로운 에너지를 쏟는 건 오히려 비효율적이다.

보고서에 담긴 업무에 문제가 생길 땐 얘기가 달라진다. 일하다

보면 여러 가지 이유로 예상하지 못한 문제가 발생하는데 다른 부서나 기관과 엮여 있을 때 특히 그렇다.

그건 우리 소관 아니라고, 우리 책임 없다고 해야 하거나 반대로 그건 우리 일이라고 주장해야 할 상황이 생기면 보고서에 어떻게 기재돼 있는지가 매우 중요하다. 만약 보고서를 봐도 명확하지 않으면 소모적인 공방이나 다른 차원의 파워게임으로 이어질 수 있다. 정신과 육체 모두 피곤해지는 일이 펼쳐지게 될 수 있으니 미리 보고서를 꼼꼼히 작성해 두는 게 좋다.

예를 들어보자. 담당자가 사업이나 행사에 필요한 부서별 협조 사항을 보고서에 두루뭉술하게 써 놓았다. 사실 사전에 A, B, C 부서와 충분히 구두로 협의했기 때문에 보고서에는 꼼꼼히 적지 않았고 괜찮을 거라 생각했다. 보고서에는 '관련 부서(A, B, C)는 원활한 사업 진행에 적극 협조'라고만 해놓았다. (설명을 위해 극단적으로 두루뭉술하게 적어봤다)

이후 사정이 달라졌을 수 있고(담당자가 바뀌었을 경우가 많음), 구두로 의견을 나누었다 보니 구체적인 협조 내용이나 정도를 서로 다르게 이해하고 있을 수도 있다. (거의 예외 없이 서로 다르게 이해하고 있다. 협조 업무를 해보면 협조를 구하는 입장과 협조해야 하는 입장의 극명한 온도 차를 경험할 수 있다) 이런 경우 주최 측이 기대한 협조가 이뤄지지 않아 막상 사업을 본격적으로 시작하거나 행사를 목전에 앞두고 갈등이 생긴다. 정도 차이는 있겠지만 비일비재하게 일어나는 일이다. 사전협의 단계에서 의사를 명확하게 확인하고 정확하게 문서화해 놓으면 충분히 방지할 수 있다.

관련 부서 협조사항이라는 목차를 따로 뽑아내 'A부서는 행사 촬영 및 언론홍보 협조, B부서는 행사 당일 참석자 안내 보조 협조, C부서는 세션별 회의자료 요청 시 제출협조' 등으로 말이다. 문서로 명확히 해놓으면 좀 더 적극적인 협조를 구하는 데도 도움이 된다.

상사에게 칭찬받거나 칼퇴근하기 위해 보고서를 잘 써야 한다는 이유는 피상적이다. '책임 소재'와 직결되는 문제가 생겼을 때 보고서가 최후의 보루라 생각해보라. 날카로운 눈으로 내가 쓴 보고서를 살펴보는 상사 마음을 조금은 납득할 수 있을 것이다. 상사는 지금 당신을 보호하기 위해 고군분투 중인 것이다.

나침반

보고서 글(text) 아래에는 보이지 않는 맥락(context)이 있다. 이 보고서가 어떤 취지로 시작했는지, 또 어떤 과정을 거쳤는지, 누가 관심을 가졌는지 등 글로 남기기 애매한 맥락이 녹아있다.

어떤 보고서를 작성하게 된 계기나 맥락을 상사와 담당자가 공유하고 있는 상황에서는 담당자가 보고서를 두루뭉술하게 써도 상사는 그게 무슨 의미인지 어렵지 않게 이해한다.

이 상황에서 담당자 또는 상사 한 사람이라도 바뀌면 동일한 보고서가 다른 식으로 해석될 수 있다. 전보, 이직, 퇴사, 배 째⋯. 다양한 이유로 담당자는 바뀐다. 사업을 지시한 상사도 마찬가지다. 그러다 보니 최초 콘셉트나 맥락을 명확하게 담지 못한 보고서로 진행되는 사업은 의도하지 않은 결과로 흘러갈 가능성이 크다. 마치 나침반 없이 망망대해를 항해하는 것과 같다.

보고서는 대충 쓰고, 후속 처리는 어떻게든 될 거라는 마인드가 아니라면 보고서만으로도 업무 지속성이 충분히 담보되도록 꼼꼼히 작성해야 한다. 그래야 다른 해석의 여지를 최소화할 수 있다. 보고서는 조타수가 바뀌어도 항로가 변화되지 않도록 하는 나침반 역할을 해준다.

보기엔 그게 그거 같은데 상사가 표현을 고치라던가 내용을 좀 더 추가하라고 할 때가 있다. 납득하기 어려운 피드백은 다시 한 번 생각해 볼 필요가 있다. 상사는 좀 더 먼 곳을 바라보고 있다고 말이다.

의사결정의 첫 단추

보고서는 결국 상사가 의사결정을 하도록 도와주는 문서다. 쓰고 있는 보고서가 상사의 의사결정에 어떤 역할을 할 것인지 곧바로 떠오르지 않는다면 작성 방향이 맞는지 다시 생각해보는 게 좋다. 보고서만을 위한 보고서 작성만큼 허무한 게 없으니까.

새로운 사업을 시작하려 할 때는 보고서가 더욱 중요하다. 수천억 단위 금액이 투입되는 프로젝트가 한 장의 보고서로부터 시작되기도 하니 말이다.

보고서는 예산과 인력을 배정하도록 결정권자를 설득하는 첫 단추가 된다. 좋은 아이디어도 그것을 담은 보고서가 오타투성이에 논리도 엉성하면 좋은 첫인상을 남기기 어렵다. 첫인상이 별로면 '왜 결재해줘야 되는지'를 더 엄격하게 따지는 험난한 여정을 떠나야 할 수도 있다.

한정된 예산과 인력에 대한 기득권을 기존 업무가 가지고 있는 상황에서 예산과 인력을 새로운 사업으로 끌어오기 위해서는 잘 만들어진 보고서가 큰 역할을 할 수밖에 없다.

보고서에 있는 단어 하나로 다양한 가능성 중 무엇이 선택되는지 결정되기도 한다. A라는 서비스를 주민(혹은 고객)에게 제공키로 하면서 a, b라는 요건을 갖춰야 한다는 보고서를 작성한다고 하자. 'a, b 조건 충족 시 A 제공'이라 작성했다면 상사에게 한소리 들을 준비를 단단히 해야 할 거다.

a and b ??   a or b ??

　a와 b를 모두 갖춰야 A 서비스를 받을 수 있는 것인지, a나 b 중 하나만 갖춰도 A 서비스를 받을 수 있는 것인지 표현만으로는 명확하지 않기 때문이다. 깔끔하게 쓴다고 콤마로 연결할 문제가 아니란 소리다. 딱딱한 표현이겠지만 'a 또는 b 자격을 갖춘 대상자에게 A 서비스 제공'이라 해놓아야 비로소 명확해진다. 완벽하게 이해하고, 정확하게 보고서를 써야만 그 자료를 근거로 상사는 판단 내릴 수 있다.

　상사는 당신이 쓴 보고서를 근거로 결정을 내리거나 혹은 그 내용을 더 높은 상사에게 보고하고 판단을 구하려는 상황에 있다. 두루뭉술하기만 한 보고서를 근거로 어떤 결정과 판단을 내릴 수 있겠는가.

알고 보면 상사도 힘들다

　30년 가까이 공직에 계셨던, 퇴직을 앞두고도 항상 에너지가 넘치던(이라고 쓰고 보고 때마다 긴장하게 된다고 읽는) 선배님이 하신 말씀이 있다.

"수달아, 조사니, 오타니 이런 거까지 꼼꼼하게 집어내 뭐라고 하니 싫지? 나는 오죽하겠니? 몇십 년 이런 글만 보다 보니 의식하지 않아도 눈에 걸리게 돼서 그렇다. 보고서 잘 써야 한다."

그저 보기 좋은 보고서 만들려고 30년 가까이 보고서와 씨름한 게 아닐 것이다. 언젠가 우리도 누군가가 쓴 보고서를 검토할 입장이 될 때가 올 것이다. 괜히 딴지를 걸어보면서 '에헴~' 거릴 게 아니라면 왜 상사가 보고서를 그토록 꼼꼼하게 챙기는 이유부터 이해해보자.

마음을 움직이는
보고서 작성법

본격적인 보고서 작성에 앞서

숨 막히는 보고서 작성

입사한 지 얼마 안 돼 뭣 모르던 시절. '아, 이거 누가 맡아 처리
하지?'라며 살피는 상사 눈을 꼿꼿이 맞추던 수달은 그의 첫 보고

를 잊지 못한다. '실력 발휘 한번 해볼까'라는 근거 없는 자신감으로 시작했지만 이내 꿀 먹은 벙어리가 된 채 탈탈 털린 멘탈을 부여잡고 있었다. "여긴 이렇게 써 놓았는데 이 단어 뜻이 뭔가?"라는 질문에도 제대로 말 못했다. 별생각 없이 문장을 적고 제대로 이해도 안 하고 있어 보이는 내용들을 붙여넣었기 때문이다. 질문이 이어질수록 얼굴만 붉혔다.

보고서는 논술시험이 아니다. 그럴싸한 단어와 아름다운 절충안으로 맺어져선 안 되고, '제 생각에 그럴 것 같아서', '참고자료에 있는 거 가져온 건데'라는 작성 근거는 감히 입 밖으로 내선 안 된다.

조사[2] 하나에도 "왜?"라는 질문에 자신 있게 답해야 하는데 그러지 못했다. "그게 그러니까"로 시작한 자신없는 답변이 끝맺어지지 못한 게 두어 번. 진땀 빼는 첫 보고가 마무리됐다.

A4용지 한 장의 무게감으로 보고에 임했으니 베테랑 상사 질문 한 방에 훅 불려 날아갈 만했던 것. 당시 과장님께서는 "보고서 작성자는 자신이 쓴 모든 단어에 '왜?'라는 질문에 완벽히 답할 수 있어야 한다"라고 조언해 주셨다.

그날 이후 보고서 작성을 끝내면 수달은 항상 수학 문제를 검산하듯 자문한다. "대답할 수 있을까?"

....
2〉 단어에 붙어 문법적 관계를 맺어주거나 의미를 더해주는 품사

100장 무게를 지닌 한 장의 보고서

'그 후로 김수달, 보고서 마스터가 되었습니다.'와 같은 판타지는 없다. 스스로 묻고, 고민하고, 수정해봐도 한 번에 통과되는 보고서를 쓰기란 여전히 어렵다. 칭찬도 받고 혹독한 피드백도 받으며 얻은 팁이라면 내 글로 써야 "왜?"라는 질문의 대답에도 나름대로 일리가 생긴다는 것이다.

내 글을 내가 쓰지, 누가 쓰냐며 당연한 소리를 하냐고 생각할수 있을 것이다. 그러나 생각보다 온전히 내 글로 처음부터 끝까지 쓰인 보고서는 드물다. 참고자료 혹은 최종 보고까지 간 기존자료에 있는 문장이나 단어를 큰 고민 없이 긁어올 때가 많기 때문이다. 이미 검증을 거쳤다는 생각에 큰 고민 없이 가저다 쓰겠지만 보고서마다 톤(tone)이나 논리 전개가 미묘하게 달라서 똑같은 문장이나 단어도 다른 보고서에는 어색하거나 안 맞을 수 있다.

가장 아름다운 눈, 코, 입을 모아 만든 사진이 전체적인 아름다움을 보장하지는 않는 것처럼. 고민하고 소화하는 과정을 거치지 않고 쓰인 단어와 문장이 많을수록 실제 보고에서 진땀을 흘리는 경우가 많다.

기존자료에서 단어나 문장을 가져다 쓰더라도 Ctrl + C, Ctrl + V하고 끝낼 게 아니라 내 보고서에 직접 옮겨 써보는 게 도움이 된다. 오류가 없는 문장도 다시 한 번 써보면서 제대로 이해한 게 맞는지 확인하는 것이 좋다. 해당 문장을 수정하지 않더라도 다음 맥락으로 자연스럽게 이어가는 데도 도움을 준다.

사람들이 필사를 하는 이유는 좋은 글귀를 직접 써 보는 그 자체가 힐링이기 때문이기도 하겠지만 글에 담긴 행간의 의미를 더 잘 이해하기 위함도 있는 것처럼 말이다.

스스로 짜낸 문장은 비루해 보여도 고민한 흔적이 있어서 질문이 들어와도 어렵지 않게 답할 수 있다. 직접 고민하고 쓴 단어로 연결된 문장과 그 문장으로 채워진 보고서만이 100장 무게를 지닌 한 장의 보고서가 될 수 있다.

보고서의 본질은 내가 보려는 게 아니라 다른 사람(대부분 나보다 높은 직급의 사람이라는 게 서글픈 사실)에게 보여주기 위해 작성하는 문서라는 것이다. 나조차 이해가 안 되는 글을 남이 어떻게 이해할 수 있을까. 게다가 그 사람은 내 보고만 받는 게 아니라 적게는 십여

명, 많게는 수십 명의 보고를 받고 결정과 판단을 내려야 한다. 상사는 당신과 함께 보고서를 곱씹으며 구체적인 사항까지 이해할 만큼 시간과 정신적 여유가 없는 사람이란 말이다.

구체적인 내용은 담당자에게는 매우 중요하지만, 상사는 그렇지 않다. 상사가 필요로 하는 사항, '그래서 내가 뭘 해주면 되는데'가 쉽고 명확하게 드러나는 보고서를 써야 한다. 그러기 위해서는 상사가 왜 보고서를 작성하라 했는지 그 의도 파악이 우선이다.

상사가 낸 문제의 출제의도

시험문제를 풀 때 '옳은' 것을 고르란 건지, '옳지 않은' 것을 고르란 건지 정반대로 이해하지 않도록 문제를 꼼꼼히 봐야 한다.

어젯밤 공부한 내용이 시험문제로 떡하니 나오니 가슴이 뛴다. '드디어 올 게 왔다' 쿵쿵 뛰는 가슴을 부여잡느라 지문을 꼼꼼히 읽어보지도 않고 답안을 작성하고 시험장을 나왔다. 수달은 그 시험에서 형편없는 점수를 받았다.

어떤 때는 문제가 너무 어려워 지문 속에서 어떻게든 단서를 찾아보려 한 글자 한 글자 보물찾기하듯 들여다보며 꾸역꾸역 답을 써냈다. 망했다고 생각했는데 상당히 높은 점수를 받았다.

전자는 문제를 제대로 읽지 않고 아는 내용만 신나게 쓴 경우고, 후자는 내용을 잘 몰라도 최대한 질문이 요구하는 내용에 맞게 쓰려고 고민한 경우다. 내가 아는 것만 쓰면 과정은 신날지라도 결과까지 신날거란 보장은 없다.

보고서도 마찬가지다. 보고서 작성을 지시한 의도를 잘 파악해야 쓸데없는 곳에 에너지를 낭비하지 않는다. 직급이 높아질수록 결정권자의 지시 의도가 제대로 파악, 전달되지 못하면 부서 전체가 우왕좌왕하게 된다. 베테랑 상사도 최고 결정권자 의도를 제대로 파악하지 못해 실무자가 괜한 헛수고를 하는 경우를 봤다. 보통은 시험문제처럼 지문이 아니라 구두로 전달되다 보니 의도 전달이 친절하지 않을 때가 많기 때문이다.

예컨대 '이 서비스를 이용하는 사람들이 더 많이 쓰도록 개선해보라'는 국장의 지시가 떨어졌다고 하자.
국장의 의도는 서비스를 이미 이용하고 있는 사람들의 불편 사항을 파악해서 개선하길 바라는 것이라고 가정하자. 지시를 받은 과장은 '이용자를 더 늘릴 방안을 원하는구나'라고 이해하고 담당자에게 전달했다. 완전히 다른 방향의 검토보고서를 쓰게 만들 것이다.

그래서 적나라하게 메모하는 습관을 들이는 게 좋다. '적나라하게'가 핵심이다. 지시를 내리는 상사가 쓰는 표현 그대로를 받아 적는 습관을 들이는 것. 정갈하게 정리한답시고 자기 해석을 거친 단어를 남기면 미세하게 초점이 나갈 때가 많다. 보통 자신에게 유리하도록 의도를 해석하고 싶기 때문이다. (본능적으로(?) 이미 작성된 보고서에서 크게 벗어나지 않도록 수정하려고 함) 동의를 구하고 녹음한 뒤 담당자들과 함께 들으며 의도와 보고서 작성 방향을 고민하는 과장님도 봤다. 비문이 있건 논리에 비약이 있건 있는 그대로 받아적은 뒤 어떤 의도인지는 그 이후에 고민하는 걸 추천한다.

파일로 달라구요?

모든 지시에는 나름의 이유가 있는데, 여러 상황 속에 숨겨진 경우도 많다. 이러한 맥락을 읽지 못하거나 의도가 무엇인지 고민하지 않고 쓰인 보고서는 안목이 근시안적이라는 인상을 강하게 줄 수 있다.

'코로나 상황에서 이번 행사 어떻게 진행해야 할지 한번 검토해 봐'라는 지시를 어떻게 이해해야 할까. 꼼꼼한 시간 계획을 원하는 걸까 아니면 행사 여부를 검토해 보란 것일까? 많은 사람이 모였을 때 감염 위험성이 우려되므로 행사 개최 여부 자체를 검토해 보라는 의도였는데 신나게 행사계획을 세우는 보고서를 써 가면 어떻게 될까?

'보고서 다시 써야겠네'로 끝나면 다행이다. 최악은 상사가 파일로 달라고 할 때다. 수달 직장에서는 파일로 달라는 의미가 한두 군데 피드백 줘서는 답이 없어 보이니 차라리 본인이 쓰는 게 낫다는 의미로 받아들여진다. 표현이 매끄럽지 못하거나 편집이 깔끔하지 못하다고 지적받는 것보다 더 자존심 상하는 일이다.

현안으로 갑자기 떨어지는 지시일 때는 무턱대고 보고서부터 쓰기보다는 '왜 하필' 또는 '지금 돌아가는 상황이 어떻길래'라는 식으로 짧게라도 상황을 관조하거나 주변 사람들에게서 동향을 파악해 보는 게 좋다.

"수달아, 너무 오래 붙들지 말고, 쓰고 싶은 대로 써서 빨리 가져와 봐"라는 말에 자존심이 상한다. 너무 애먹지 말라는 배려였겠지만 네가 뭘 가져와도 수정하겠다는 뉘앙스가 느껴져 왠지 모를 서운함과 반항심이 생겼다. 그 탓일까? 의식의 흐름대로 보고서를

작성해 갔더니 상사의 동공이 흔들리며 조심스레 묻는다.

"이거…. 쓰다 말고 가져온 건 아니지?"

상사가 원하는 바를 대강 파악하면서도 적당한 수준의 완성도를 갖춘 초안을 짧은 시간에 쓰는 건 쉽지 않다. 상사가 빨리 방향을 틀 수 있도록 쓰자니 완성도가 떨어지고 완성도를 갖추자니 시간이 오래 걸리고. (이거 말한 게 아닌데 왜 이렇게 오래 보고서 가지고 있었냐는 편잔을 들을 수 있음)

직장인 대부분이 내 볼품없는 초안을 상사에게 들고 가기 싫어한다. 쏟을 수 있는 역량이란 건 모조리 쏟아붓고서야 "일단 대충 초안 정도 수준으로 작성해봤습니다."라고 말하는 그들이니까. 그러나 경험상 초안 보고는 빠르면 빠를수록 좋다. 완성도를 높이려는 욕심은 결국 내 만족을 위한 것일 뿐이기 때문이다.

상사의 입장에서 생각해보자. 보고서 작성을 지시할 땐 완벽한 보고서를 써오리라 응당 기대할까? 아무리 잘 쓴 보고서를 들고 와도 상사라는 존재감 확인을 위해 수정 의견을 줄 수도 있다. 그러니 처음부터 완벽한 보고서를 써야 한다는 부담감을 덜 필요가 있다. 그래야 상사도 부담이 적다. 담당자는 큰 에너지를 쏟지 않고 상사는 원하는 방향이 아니면 빨리 피드백 줄 수 있다는 점에서 서로 좋다. 담당자가 머리 싸매며 만든 보고서를 죄다 뒤흔드는 걸 좋아할 상사는 많지 않다.

마음 편히 갖고 시작하자

쓰다만 느낌을 줄 정도는 아니면서 상사가 원할 때 조정하기도 쉬운 초안이어야 한다. 쉽지 않다. 적당한 고민과 적당한 에너지를 쏟는 게 어디 쉬울까? 완벽한 초안은 없다고 봐도 무방하다는 생각으로 힘을 빼보자. 헤밍웨이도 말하지 않았는가 '모든 초안은 쓰레기다'라고.

마음을 움직이는
보고서 작성법

보
고
서 작
성 지
시 받
기

어디가 이상하다는 말씀이신지?

　보고서를 꼼꼼히 검토하는 상사는 모시기 힘들다. 코평수 넓어
지게 흥분하며 작성한 나름의 표현이 돼지 꼬리와 함께 날아갈 땐

자존감도 함께 흩날리는 느낌이다. 그래도 무엇을 수정하길 원하는지 정확히 알려주는 상사는 감사하다. '나는 타이핑하는 사람인가'라는 자존감 하락만 견뎌내면 후속 보고는 순탄하게 흘러가기 때문이다. 문서 편집이나 표현 수정에서 느껴지는 짬에서 나오는 바이브를 보는 건 덤이다.

최악은 상사 입장에서 보고서는 맘에 안 드는데 어디가 이상한지 콕 집어내진 못할 때다. 상사 본인도 어떤 방향이 맞을지 갈피를 못 잡으니 이상하다는 말만 반복하게 된다. 어디가 이상한지 알 길이 없으니 전반적으로 수정해 보겠다는 말로 마무리될 때가 많다. 보고를 마치고 들고나온 문서엔 갈 곳 잃은 펜촉이 만든 동그라미만 무성할 뿐이다.

담당자가 "이 부분을 말씀하시는 건가요"라며 약간의 실마리라도 끌어내지 못한 채 자리를 모면하기 위해 "(일단) 알겠습니다."라고 하는 순간 답답한 악순환이 시작된다. '이상한데 - 수정 - 이상한데 - 수정'의 쳇바퀴 말이다. 담당자는 어디가 이상한지, 어디를 어떻게 고쳐야 할지 모르고, 상사는 수정된 부분이 여전히 맘에 들지 않는다.

간 보고 시작하세요

'보고하고 또 보고하고' 악순환이 생기는 이유는 열심히 써온 보고서를 싹 갈아엎기 부담스러운 상사와 처음부터 다시 시작하기 싫은 담당자 입장이 합쳐진 시너지 때문이다. 첫 단추를 잘못 끼운 보고서는 누더기가 되기 쉽다. 이곳저곳 고치다 보면 이도 저도 아닌 보고서가 만들어지게 되므로 목차, 키워드만 들어간 초안 먼저 보고하는 방법을 추천한다. 초안 보고를 유용하게 활용하면 쓸데없는 방향에 힘을 빼지 않아도 된다.

상사가 원하는 방향을 초안으로 확인한 뒤 본격적으로 보고서를 쓴다고 해도 쉽지는 않다. 내가 원하는 논리나 방향이 아닌 경우도 많기 때문이다. 그래도 '뭐가 이상한지 정확히 집어내진 못하면서 이상하다고만 하는 보고서'를 피할 수 있는 가장 최선의 방법이란 걸 명심하자.

그것도 안 되면 적극적으로 딜 교환하자

'너무 빈약한 초안으로는 보고할 수 없다. 최소한 나는 정갈하게 갖춰진 완성본으로 초안 보고를 하고 싶다'는 사람은 그렇게 공들인 첫 보고에서 상사와 딜 교환을 확실히 할 용기를 가지는 게 좋다.

어디가 이상하다는 건지 이해도 못 한 채 '네네'만 외치다 나와서는 엉뚱한 곳을 잔뜩 수정해 가면 "내 말 제대로 들긴 한 거야"라는 짜증 섞인 소리를 들을 수 있으니 적극적으로 들이대 본다.

"이상한데?"라고 딜이 들어오면 "뭐가요?"라고 되물어야 한다. 좀 더 현실적으로 "이상하다고 말씀하신 부분이 그러니까 검토 부분인가요?"라고 말이다. "전반적으로 다 이상하니까 하는 소리지"라고 핀잔받을 수도 있지만 그 자리에서 뽑아낼 수 있을 만큼 최대한 단서를 찾아내야 한다. "아, 그럼 전반적으로 OO식으로 논리를 바꿔볼까요?" Yes라면 그야말로 다행인 거고, No라고 해도 상사가 원하지 않는 수정 방향 중 하나는 제외할 수 있으니 말이다. 핵심은 보고하면서 내 체력만 깎여오지 말고 '그러니까 네가 원하는 것이 뭔데'라는 타격을 줘서 상사도 뭐가 이상한지를 조금이나마 고민하도록 유도하는 데 있다.

반복해서 말하지만 보고서는 윗사람의 의사결정을 도와주는 문서다. 그러나 의사결정을 내릴 수 있도록 선택지를 만들어내는 주도권은 보고서를 작성하는 담당자에게 있다. 상사가 원하는 방향으로 자료를 정리하고 선택지를 추리되 화두를 선점하는 권한은

담당자에게 있는 것이다. 구체적인 예시를 들어 보자.

상사가 "00 사안을 잘 해결할 수 있는지 검토해봐"라고 했다면, '00 사안은 무엇인지'가 중요한 게 아니라 '해결할 수 있는지'가 더 중요하다. 많이 하는 실수가 사안 그 자체에 지나치게 집중하는 보고서를 쓴다는 것이다. 00 사안의 의미는 무엇이고, 동향은 어떻고, 관련된 사업이나 규정은 어떻고 등등은 판단을 내리기 전 단계인 관련 정보의 정리일 뿐이다.

거기에 머물러선 안 된다. 상관은 이미 사안이 무엇인지 알고서 해결방안을 찾고 있을 가능성이 높다. 궁금하지 않은 내용만 구구절절 길게 써 놓아봤자 상사에게 유의미한 사고의 확장을 열어주지 못한다. 상사가 무엇을 원하는지 아는데도 판단을 위한 선택지를 구상해 오라는 걸 알고 있으면서도 관련 정보 정리로 큰 비중을 채우는 사람들도 있다. 판단을 내리는 것보다 정리·요약이 더 쉽기 때문이다. 의식적이든 무의식적이든 쉬운 길을 택하게 되는 것. 관련 정보는 어떻게 모았고 그게 무엇을 의미하는지 장황하게 늘어놓는 보고서일수록 "그래서 어쩌라고?"라는 말이 돌아올 가능성이 크다.

상사의 의사결정에 도움을 주는 선택지를 만드는 건 쉽지 않다. 구체적인 대안이 바로 떠오르지 않거나 혹은 너무 많아서 어떻게 추려야 할지 모를 때가 많다. 이럴 때는 선택지를 바로 만들지 말고, 선택지를 만드는 기준을 먼저 고민하는 게 좋다.

예를 들어, 행사 개최지를 어디로 정할지 검토해 보라는 지시를 받았다고 가정해보자.

'A컨벤션은 주소가 어디고, 몇 명을 수용할 수 있으며, 시설·장비는 어떤 게 있다. B빌딩 그랜드볼룸은 주소가 어디고, 몇 명을 수용할 수 있으며, 시설·장비는 어떤 게 있다.'라는 식의 접근은 정보만 있을 뿐 판단 기준이 빠져있다. "그래, 정리는 잘했는데 그래서 어디로 해야 된다는 소리야?"라는 말이 돌아올 확률이 높다. 단순히 정보를 정리하고 나열해 놓는 식의 보고서는 판단을 상사에게 그대로 넘기는 셈이 되므로 좋지 않다.

기준을 세우고 보고서를 쓰면 다르다. 'A컨벤션과 B빌딩 그랜드볼룸이 행사 날짜, 필요시설은 모두 충족되나 내빈 접근성은 A가 좋고, 예산 절감은 B가 더 나음…. 현재 예산은 충분하므로 내빈 접근성을 우선순위에 두는 A컨벤션이 적절하다'라는 식의 보고서 작성으로 말이다. 예시에는 접근성과 예산을 판단 기준으로 삼았지만 다른 판단 기준도 물론 가능하다. 수용인원 정도로 선택지를 나눌 수도 있고, 행사 주변 숙박업소의 이용 편의성이 하나의 판단 기준이 될 수도 있을 것이다.

다양한 판단 기준을 소개했던 이유는 담당자 관점에서 생각한 기준과 판단이 완벽할 필요가 없다는 점을 강조하기 위해서다. 비용, 인력 투입, 파급효과, 관련 사업과의 연계 가능성, 사안의 맥락에 따라 적절하고 다양하게 설정하면 된다. 그걸 감안해 '판단'하는 것이 상사의 몫이기 때문이다. 판단 기준이 지나치게 많으면 관련 정보의 정리 수준으로 수렴하게 되므로 둘이나 셋 정도의 핵심 판단 기준으로 세우는 고민을 하는 것이 낫다.

기준을 잘 설정하면 화두를 선점한 것이나 다름없다. 주어진 상황을 고려해 기준을 세우고, 세워진 기준에 부합하는 관련 정보를 추려낸 뒤 우선순위를 세우기만 하면 되니 말이다.

또 다른 예를 들어보자. 앞으로 건립될 공공건축물의 소재를 무엇으로 하면 좋을지를 검토하라는 지시를 받았다.

A소재는 강도가 얼마고, 제곱미터당 비용은 얼마이며…. B소재는 강도가 얼마고, 제곱미터당 비용은 얼마이며…. 라는 식으로 건축 소재의 특성만 단순 나열해서는 지시자가 원하는 보고서가 될 수 없다.

'A소재를 사용하면 예산지출은 크나 첨단소재로서 우리 지역 내 관련 산업의 성장을 견인하는 효과를 가져올 수 있고, B소재는 A와 같은 효과를 가져올 순 없으나 다양한 건축 디자인이 가능한 소재로서 공공건축물을 랜드마크로 만드는 효과를 가져올 수 있다'는 식의 전개가 더 낫다.

기준이 있다는 건 마치 어지럽혀진 방을 치울 때 넣어야 할 수납장이 정해져 있는 것과 같다. 막연한 자료 정리에서 벗어나 선택과 집중을 할 수 있도록 해준다. 담당자는 이러한 기준을 설정함으로써 상사의 의사결정에 대한 주도권을 가져올 수 있다.

거듭 말하지만 정보를 깔끔히 정리하는 게 보고서를 잘 쓰는 게 아니다. 정보를 나름의 기준으로 따져보는 데 무게중심을 둬야 한다. 판단을 내리려는 고민이 거듭될수록 대체 불가능한 결과물인 논리가 만들어진다. 여러 번의 보고 과정을 거치면서 서식과 문구는 바뀔 순 있어도 그렇게 만들어진 논리는 끝까지 살아남는 경우가 많다. 초안 작성자가 가질 수 있는 강력한 권한이다.

신비한 회사 언어 세계

　다양한 배경과 성격, 이해관계로 얽히고설킨 사람들이 9 to 6
(+a)의 시간을 공유하는 곳이 회사다. 서로 돕기도, 싸우기도 하며

자신 또는 조직 목표를 이루기 위해 노력한다지만 쉽게 속마음을 드러내지는 않는다. 쉽게 속마음을 드러내선 안 된다는 말이 더 정확하다. 몰라도 아는 척, 알아도 모르는 척, 내가 취해야 할 권리와 이익은 챙기면서 겉으로는 드러나지 않도록 행동하는 사람들이 많다. 그러다 보니 이면에 숨겨진 의도가 있는 표현을 자주 접하게 된다.

첫째, 에둘러 표현할 때가 많다. 구두로든 문서로든 되도록 안전한 단어를 선택한다. 일에는 책임소재가 뒤따르다 보니 정당하게 진행되는 일에도 자연스레 방어적이다. '한다', '안 한다'와 같은 단정적인 표현보다 '추진한다'거나 '검토한다'는 식으로 일상에서는 잘 사용하지 않는 표현이 자주 등장한다. 예컨대 '추진한다'라는 말속에는 어떤 일을 해내는 데 필요한 행동을 취하겠지만 부득이한 사정이 생기면 중단할 수도 있다는 의도가 담겨 있다. 할 수도 있고 안 할 수도 있는 슈뢰딩거의 고양이[3] 같은 표현이다.

둘째, 의도와는 정반대로 말할 때가 많다. 고생하는 사람에게는 "요새 일 재미있게 한다면서"라고 하거나, 일없이 놀고 있는 사람에게는 "고생 많네요"라고 하는 식이다.

여론과 평판이 조직 생활에 매우 중요한 요소가 되다 보니 긍정적이든 부정적이든 직접적으로 표현하는 것이 부담스럽기 때문일

....

3〉 오스트리아 물리학자 에르번 슈뢰딩거가 양자역할의 불완전을 증명하기 위해 고안한 실험. 상자 속을 확인하기 전까지는 고양이가 죽어 있는 상태와 살아있는 상태가 결합되어 있다.

테다. 특히 인사 문제와 관련해서는 더더욱 속내를 내비치지 않는 경우가 많다. 내 속내를 드러내는 순간 패를 까서 보여준다는 의미로 받아들여지는 느낌이다.

화가 나도 참고, 부당해도 넘어가야 하는 순간들이 비일비재하다. 이틀 뒤 헤어질 워크숍이 아니라 적어도 10년은 얼굴 마주해야 할 그런 공간이라서 생기는 웃픈 현상이려나.

그러다보니 전달되는 말 속 뉘앙스로 진위를 파악해야 하는 경우가 많다. 다양한 이유로 포장된 표현이 오갈 때는 있는 그대로 받아들이기보다 맥락을 고려해야 한다. 의도를 정확히 파악하지 못하면 민망한 상황에 직면할 수 있다.

보고서도 예외가 아니다

보고서에 담기는 문구에도 특유의 뉘앙스가 있다. 보고서는 기본적으로 딱딱한 문어체로 작성된다. 문어체라 해서 의미가 명확하리라 생각해선 안 된다. 오히려 추상적인 표현 때문에 맥락을 제대로 짚지 못하거나 장황한 표현들 때문에 핵심 논점이 흐려져버리는 경우도 많다.

직장 생활을 시작하고 가장 신기했던 것 중 하나가 평소 쓰지 않은 단어들이 즐비한 보고서였다. '전함을 구축'한다는 공상 과학 만화에서나 나올 법한 '구축'이라는 단어, 로켓 발사에나 쓸 법한 '추진'이란 단어, 윈도우 배경화면 검색할 때나 쓰던 '배경'이란 단어가 들어간 '추진 배경'이라는 단어 말이다.

신기하기만 했던 그 보고서를 주야장천 만드는 당사자가 되고 나니 그 이유를 알게 됐다. '추진'이니 '구축'이니 '검토', '배경' 같은 한자어는 여러 가지 경우의 수를 담을 수 있기 때문이다.

가령 어떤 계획을 세울 때 쓰는 단어인 '수립'과 '수립 검토'는 아주 큰 차이가 있다. '수립 검토'로 쓰였다면 높은 확률로 진행이 더디거나 이뤄지지 않을 수 있다. '검토'의 사전적 의미는 '어떤 사실이나 내용을 분석하여 따짐'인데 말 그대로 계획을 세울지 말지를 먼저 따져본다는 뜻이다. 경험상 그 뉘앙스의 이면을 읽어보면 아직 시작도 안 한 경우도 있다. 그러다보니 꼼꼼하게 보고서를 읽지 않으면 아직 시작하지 않은 계획이나 정책, 제도에 맞춰 시기상조인 후속조치를 준비하거나 엇박자 대응으로 이어질 수 있다. 쉽게 말해 '호들갑' 떨 수 있는 것.

또 화려한 수사(修辭)[4] 가 많은 보고서는 실제 내용이 빈약할 때도 많다. 전달하려는 말이 명확하면 수사적인 표현을 잘 쓰지 않는다. 대부분은 빈약한 내용이나 논리를 덮기 위해 거창한 수식어나 그럴싸한 수사를 붙일 때가 많다.

. . . .

4 〉 말이나 글을 다듬고 꾸며서 더욱 아름답고 정연하게 하는 일 또는 기술

보
고
서

작
성

기
본

사
항

회사생활은 실전

보고서 작성을 지시받으면 어떻게 첫발을 떼야 할지, 어떤 기준
과 관점으로 글을 써야 할지 난감할 때가 많다. 인터넷에 '보고서

작성 유형'이라 검색하면 예시 목차까지 친절하게 정리된 양질의 자료를 찾기는 어렵지 않다. 그러나 경험상 그 예시들이 실무적으로 딱 맞아떨어지지 않을 때가 많다. 인생은 참고서처럼 흘러가지 않는 법이니까.

여기서는 좀 다른 관점에서 보고서 유형을 분류하고 접근방법까지 소개해 보고자 한다. 약간의 이론적 빈틈이 존재하더라도 실무적으로 유용하리란 방패막이를 들고서.

나름 굴러보며 터득한 접근법

시중도서나 대부분 강의는 보고서 제목, 그러니까 형식화된 유형에서 보고서 작성법을 접근한다. 보고서 제목에서 목적을 찾고 그 취지에 부합하는 목차를 소개하며 각각의 내용을 설명하는 식이다. 예컨대 동향보고, 검토보고, 행사계획, 신규사업 추진계획이라는 유형이 지닌 의미를 설명하고, 그에 맞는 전형적인 목차 형식을 빌어 각각의 목차에 어떤 내용을 어떻게 담아야 하는지 말이다. 이런 접근법은 이미 체계적으로 잘 정리되어 있으니 여기서는 다른 접근법을 소개하고 싶다.

써야 할 글이
'새로운 뭔가를 만들어내야 하는지'와
'이미 만들어진 뭔가를 해야 하는지'로 구별해보는 것이다,

동향 보고라도 최종 목적이 새로운 뭔가를 만들어 내기 위해 필요한 동향보고인지, 아니면 이미 있는 중요한 이슈를 꼼꼼히 추적하기 위한 보고인지에 따라 완전히 다른 보고서가 된다. 행사계획서도 마찬가지다. 아직 구체화되지 않은 행사에 대한 계획서인지 이미 검토된(결정된) 행사 개최를 준비하는 데 필요한 사항을 정리하는 계획서인지에 따라 다르게 써야 한다.

보고서를 관통하는 단어 둘, 기획과 계획

형식적인 접근은 잠시 잊자. 내가 써야 할 문서가 기획과 계획 둘 중 어디에 더 초점을 맞춰야 하는지를 생각해 보는 것이다. 새로운 뭔가를 만들어내는 것을 '기획'이라 하고, 이미 있는 뭔가를 해야 하는 것을 '계획'이라 부르기로 하자. 기획과 계획은 단어 그 자체부터 헷갈리기 쉬우므로 간단히 설명하고 넘어가자면,

영어로 기획은 Planning, 계획은 Plan이다. 기획은 어떤 과정(-ing)이라는 뉘앙스를 지니며 계획은 과정이 끝난 뒤 결과라는 뉘앙스가 있다. 기획은 뭔가 새로운 것을 만드는 것을 의미한다. 보통 아이디어적(창의적) 접근을 담은 글에 기획서라는 이름을 붙인다. 반면 계획은 이미 정해진 일의 준비를 의미한다.

기획은 아직 없는 새로운 일을 이루기 위해 미리 얼개를 짜는 것을 의미하고, 계획은 이미 정해진 미래의 일을 실천하기 위해 얼개를 짜는 것을 의미한다.

구체적인 활용법을 알아보자.

제목과 형식을 떠나 내가 써야 할 글이 새로운 것을 창조해 효율적으로 이루기 위한 목적을 지닌다면 기획의 렌즈를 가지고 글을 써야 한다. 새로운 것에 대한 정당성이나 논리를 세우는데 더 많은 지면과 고민을 할애해야 한다.

새로운 생각을 정리하고 가다듬어야 할 보고서를 계획 관점으로 쓰면 보고서의 내용이 둥둥 떠다니는 느낌을 지울 수 없다. 예컨대 이 사업을 진행할지 말지에 대한 설득을 담아야 할 글에 사업의 정당성은 이미 전제하고 어떻게 진행할 것인지를 잔뜩 담은 보고서는 결코 좋은 인상을 줄 수 없다.

마찬가지로 어떤 일이 이미 결정됐고, 그 일을 어떻게 체계적으로 진행해야 하는지를 써야 할 보고서에 일에 대한 당위성이나 논리를 과하게 설명하는 식의 보고서는 '그래서 어쩌라고'라는 피드백을 돌아오게 할 수 있다. 계획은 '무슨 일을 어떻게 하겠다'라는 실행 논리성을 갖추는 데 초점을 둬야 한다. 그래서 세부방침이나 일정, 해당 사업을 이뤄나가기 위한 단계적인 사항들을 담는 게 좋다.

계획과 기획의 관점을 보여줄 좋은 예시를 여행에 비유해 설명해보자.

1. 여행을 계획한다.
- 여행 날짜, 경비, 경로 등 결정된 여행 준비를 체계화하는 것
- 계획이란 무엇인가 확정된 것을 정비하고 준비하는 일

2. 여행상품을 기획한다.
- 지금까지 세상에 존재하지 않는 상품을 만드는 것부터 그 상품을 판매할 전략을 수립하는 것
- 기획이란 생각하는 바(아직 세상에 존재하지 않기 때문에 상상해서 만들어 내야 함)를 그리는 일

마무리 정리

1. 기획
- 아직 없는 새로운 일을 이루기 위해 미리 짠 얼개
- 새로운 것을 창조하고 효율적으로 이루기 위한 실행행위
- '새로운 가치를 만든다'는 창조성 강조

2. 계획
- 미래 일에 대한 조직적이고 세부적이며 실천성을 고려한 얼개
- 어떤 일에 대한 세부적 방침이나 단계를 수립하는 것
- '무슨 일을 어떻게 하겠다'는 실행 논리성 강조
- 기획을 통해 산출되는 결과(Plan)

추가 접근법 : 사실을 다루는 글인지, 판단이 필요한 글인지

보고서 작성에 대한 글을 쓰면서 구체적인 유형에 대한 내용보다 관점을 소개하는 이유는 조직별로 다양하게 존재하는 유형을 일반화하기 힘들고 이론과 실제가 딱 맞아떨어지는 경우가 드물기 때문이다.

관점을 강조하는 이유는 다양한 유형의 글쓰기에 유연하게 적용할 수 있으면서도 글의 일관성과 체계성에 큰 도움을 줄 수 있기 때문이다.

그런 의미에서 참고할 만한 또 하나의 관점을 소개한다. 사실을 다루는 글인지 판단이 필요한 글인지이다. 일상에서도 우리가 종종 궁금해하는 건 '그게 진짜야?'라는 사실(fact)에 관한 것 또는 '어떻게 하면 되지?'라는 판단(judgement)에 관한 것일 테다.

사실이 중요한 문서는 시간의 순서나 발화자의 정확한 표현에 초점을 맞춰야 하고, 판단이 중요한 문서는 왜(why)에 답할 수 있는 논리(logic)에 초점을 맞춰야 한다. 예컨대 행사계획처럼 논리가 크게 필요하지 않은 문서를 작성할 때는 사실을 정확하게 기술하는 데 초점을 둬야 한다. 물론 한 보고서 안에서 사실과 논리가 완벽히 분리되진 않겠지만 어디에 더 초점을 둬야하는지를 생각하고 글을 쓰는 게 좋다.

이론과 실전은 다른 법

처음 수달은 보고서 표준 목차를 모든 보고서에 그대로 적용해야 한다고 여겼다. 마치 '하늘 천~ 땅 지~'를 외듯 '추진 배경~ 문제점~'이라는 목차를 무조건적으로 적용해야 한다고 생각했던 것. 그러다보니 어떤 사안을 검토해야 하는 보고서 배경을 작성할 때 '검토 배경'이 아니라 '추진 배경'이라고 쓰는 식이었다. 검토를 추진하는 배경이란 소린가? 어불성설이었다. 처음 보고서를 쓰다 보니 어색해 보여도 따라야 하는 공식처럼 느껴졌기 때문이다. 으레 일반적인 4개의 목차(추진 배경 - 현황과 문제점 - 개선방안 - 향후 일정)로만 보고서를 쓰다 보니 보고할 내용과 성격에 맞지 않는 목차에 꾸역꾸역 끼워넣기 위해 안간힘을 썼다.

수달은 보고 목적에 따라 보고서 목차나 형태가 달라져도 상관 없고, 오히려 달라야 한다는 걸 깨닫는 데 오래 걸렸다.

보고서에 많이 등장하는 목차를 항상 따를 필요가 없다. 목적에 따라 기본적인 목차를 참고하되 유연하게 적용하는 것이 좋다. 동향을 보고하는 데 '추진 배경'이란 목차를 쓸 필요가 있을까? 동향 파악이 필요한 이슈에 대해 '00(동향을 보고할 이슈나 사업의 이름) 개요' 정도의 목차로 간단히(보고의 목적이 동향이므로 개요에 너무 많은 분량을 할애하는 것도 지양하는 것이 좋음) 소개해 준 뒤, '주요 동향'이라는 목차로 관련 동향을 작성하면 충분하다. 또 동향보고에 '문제점 - 개선방안'이라는 목차를 쓰는 것도 어색하다. '주요 동향'을 소개하고, '향후 대응' 정도로 목차를 짜는 게 더 적절하다.

마찬가지로 행사를 기획하려고 할 때, 기획된 행사를 개최하려 할 때, 사업을 검토하려고 할 때, 관련 이슈를 분석할 때 보고서 목차도 달라야 한다. 같은 목차를 쓰더라도 보고 목적에 따라 목차별 분량도 달라진다. 분석 보고서에 이슈나 현황 내용이 지나치게 많으면 좋은 보고서가 아니다. 같은 목차가 들어가더라도 목적에 따라 목차에 할애하는 양과 질도 달라져야 한다.

보고서 작성, 평타만 치고 싶다

보고서 형식과 작성기법이 천차만별이겠지만 일반적으로 통용되는 틀을 장착해 놓으면 응용하기 좋다. 수달의 경험에 비추어 소개해 본다. 기본적으로 많이 사용하는 '추진 배경 - 현황 및 문제점 - 주요 내용 - 향후 계획'이라는 목차를 예로 든다.

1. 추진 배경

추진 배경에는 보고서를 '왜' 쓰게 되었는지를 작성한다. 보고서를 작성하는 전 과정을 관통하는 질문이 바로 '왜(why)'다. 흐름상 추진 배경에 담지 않더라도 '왜 이 보고서를 써야 하는지'를 작성자 스스로 확실하게 정립하고 작성해야 보고서가 우왕좌왕하지 않는다.

너무 거창한 추진 배경을 쓰는 것을 삼가야 한다. 초짜 시절 수달은 대단한 걸 추진하는 것처럼 거창한 표현을 썼다. 이 경우 거시적인 표현을 쓰게 될 수밖에 없는데 독이 될 수 있다. 보고받는 사람으로 하여금 핵심을 제대로 이해하고 있지 못하다는 인상을 줄 수 있기 때문이다. 첫인상을 좌우하는 추진 배경에는 전달하고자 하는 바를 정확하게 밝히는 데 중점을 둔다. 표현이 조금 거칠거나 직접적이어도 상관없다고 생각한다.

예컨대 '4차 산업혁명 시대를 선도할 수 있는 일하는 방식 혁신이 필요'라는 거창한 문구보다는 '자유로운 의견 개진이 가능하도록 업무 프로세스의 변경이 필요'라는 식으로 왜 이 보고서를 쓰게 되었는지의 구체적인 이유를 시원하게 드러내는 게 좋다.

2. 현황 및 문제점

현황과 문제점을 별도 목차로 구분지어야 하는지 모호하다. 특히나 1장짜리 핵심 보고서를 쓰는 경우는 더욱 그렇다. 현황이 곧 문제점을 보여주는 경우가 많기 때문이다. 인구감소에 대한 대응 방안 보고서를 쓸 때 인구감소 현황은 그 자체가 문제점이 될 수 있다. 물론 현황으로 인구감소 추이를 보여주고, 그 대안으로 실시됐던 정책의 문제점을 정리하는 식으로 현황과 문제점이 서로 다른 초점을 맞추는 경우에는 구분해서 작성해야 한다.

구분되도록 작성한다는 전제하에 현황은 정확한 '통계'를 전달하는 데 초점을 맞춰야 한다. 적절한 현황이 제시될수록 보고서 신뢰도가 높아지기 때문이다. 관련 통계나 데이터를 잘 찾아 담는 게 좋다. 다만 너무 방대한 현황 자료는 보고서의 집중력을 낮춘다. 현황 부분에서 전달하고자 하는 정보를 많이 담을수록 보고서가 '어려워진다'. 그중에서 가장 중요한 현황을 담고 나머지 정보는 별도의 자료(붙임자료, 참고자료)로 만드는 게 좋다.

문제점을 작성할 때는 센스 있는 눈치가 중요하다. "00문제가 있으니 개선방안에 대한 보고서 작성해봐."라고 지시했을 땐 이미 문제점에 대해 상사가 인지하고 그에 대한 개선방안을 원하고 있을 가능성이 크다. 이 경우 문제점은 요약식으로 정리하거나 추진 배경에 녹여 써내고 개선방안에 최대한 많은 분량을 할애하는 것이 좋다. 반면 "어떤 문제가 있는지 분석하고 개선방안을 찾아봐"라고 지시했다면 오히려 문제점이 무엇인지를 더 자세히 쓰는 게 좋다. 문제점이 한두 가지로 정리가 쉽게 되지 않는다면 개선방안과 논리적으로 잘 이어질 수 있도록 문제점에도 경중을 두는 요령이 필요하다. 문제점을 논리적으로 잘 설정해 놓으면 개선방안의 타당성이 높아지기 때문이다.

3. 주요 내용

가장 중요한 부분이다. 분량 면에서도 절반 이상은 할애해야 한다. 보통 현황과 문제점에 대해서만 길게 적힌 보고서들이 많은데 보고서에 대한 인상을 나쁘게 만드는 요인 중 하나이므로 최대한 빨리 주요 내용으로 넘어가는 게 좋다. 보여줄 현황이 많으면 별도 자료(붙임자료, 참고자료)로 돌리는 게 좋다.

주요 내용은 입체적으로 서술하는 것이 좋다. 내용은 대응방안일 수 있고 새로운 아이디어일 수도 있다. 성격이 어떻든 나열된 형태의 서술은 지양하는 것이 좋다. 전달할 내용이 정리됐다면 정리된 내용을 가지고 한 발자국 더 내딛어 보는 것이다. 총 5개 전달 내용이 있다면 이 5개를 그대로 열거하지 말고 두 개나 세 개의 더 상위 범주로 엮을 순 없는지 고민해 보는 것이다. 내부-외부, 하드웨어-소프트웨어, 현재-미래 등 범주로 묶어 내용을 구성하면 더 입체적인 보고서를 만들 수 있다. 범주화에 대한 글을 다른 챕터에서 다룰 예정이다.

중요한 건 'so what'과 'so how'에 대한 대답이 될 수 있는 내용들을 담아내야 한다는 것이다. '그래서 뭐', '그래서 어떻게'라는 질문에 답이 될 만한 내용을 담고 있어야 좋은 보고서라고 할 수 있다.

상사가 이런저런 트렌드에 대해서 조사해보라고 시켰을 때 해당 현황만 왕창 조사하는 것보다 그 트렌드 현황을 바탕으로 상사가 무엇을 어떻게 판단하려는지 의도를 읽고, 그 고민을 덜어줄 수 있는 내용들을 담는 게 좋다. 왜 현황 파악을 하라는지 맥락도 모른 채 자료만 왕창 찾아 예쁘게 정리한들 좋은 피드백을 받을 수 없다. '자료는 예쁘게 정리했으니 생각은 네가 해봐'라고 던지는 식의 보고서는 상사 입장에서 달갑지 않다.

개선방안이 중요한 보고서의 경우에는 '~게 하는 것이 좋음'이라는 식으로 방향성만 제시하거나 '여러 가지 방안을 잘 연계(또는 융합)하여야 함'처럼 교과서 같은 결론 도출은 지양해야 한다. 이야기가 흥미롭게 고조되다가 맥이 풀리는 느낌이다. 모든 것을 다 담으려고 하면 오히려 아무것도 담을 수 없는 보고서가 된다는 점을 명심해야 한다.

선택과 집중이 필요하고, 1·2안 정도로 구체적인 action을 담아야 한다. 작성자 입장에서 가장 타당해 보이는 안을 구체적으로 던져준다는 식으로 접근해야 한다. 설사 그 action들이 문제점을 해결하기 위해 완벽하지 않더라도 말이다. 제3의 대안을 찾아내는 고민은 상사의 몫으로 남겨놔도 좋다. 1안과 2안을 작성하고, 1안의 장단점과 2안의 장단점을 구체적으로 기술해 결정권자가 판단을 내릴 수 있도록 해주면 더욱 좋다.

4. 향후 계획

문제점에 대한 해결방안들이 담긴 보고서였다면, 향후 계획에는 이 해결방안들을 구체적으로 어떤 방식과 순서로 진행할지에 대한 실천계획이 담겨야 한다. 다른 부서로부터 협조를 구할 사항도 이 목차에 담는다. 타 부서 협조사항이 중요한 경우 별도로 '협조사항'이라고 목차를 분리하는 것도 좋다.

실제로 향후계획이 주요 내용보다 더 중요할 때가 많다. 해당 업무와 연결된 업무 담당자나 관계자들과 의견을 공유하고, 자료 협조를 받아야 하는 경우가 대다수이기 때문이다.

보고서에 담는 사업 규모가 커질수록 1부터 10까지 모든 걸 한 사람이나 한 부서가 감당할 수 없다. 내용이나 일정 진행에 대해 다른 사람 또는 다른 부서의 협조를 구할 수밖에 없다. 향후 계획은 어떤 일정으로 누가 얼마나 협조할 것인지를 문서로 남겨 놓는 목차라 할 수 있다.

그래서 반대로 협조를 해줘야 하는 상황에서도 문서로 남겨지는 협조내용과 일정을 꼼꼼하게 검토해야 한다. 보고서를 들이밀고 이렇게 협조하기로 하지 않았냐고 했을 때 당황하지 않도록 말이다. 물론 계획이기 때문에 사정상 변동 가능성은 언제나 염두에 둘 수밖에 없지만 나중에 궁색해질 바에 처음부터 꼼꼼히 확인하는 것이 좋다.

마음을 움직이는
보고서 작성법

본격적인 보고서 작성법

누구나 거창한 계획이 있다. 야근하기 전까지는

시험만 보면 항상 시간이 부족하다. 분명 집에서 기출문제 풀 때 여유로웠는데 말이다. 보고서 작성도 마찬가지다. 실전은 상상과 다르다. 여유롭게 커피 한 잔 하면서 논리도 좀 다듬고, 표현도 더 자연스럽게 할 순 없는지 고민하면 좋겠지만 대부분 보고서는 '가능한 한 빨리'라는 지시가 따라붙다보니 허겁지겁 작성할 때가 많다. 이상과 현실 간극을 어떻게 줄일 수 있을까?

범주화는 언제나 옳다

단시간에 그럴싸한 논리를 갖춘 것처럼 보이는 방법은 없을까. 그럴듯하게 만들다 보니 정말 그렇게 되는 쉽고 간단한 방법은 없을까? 범주화를 한번 활용해보자. 범주화는 사안을 빠른 시간 안에 상당히 높은 수준의 논리성을 갖출 수 있도록 해주는 방법 중 하나인데 꽤나 간단해서 써먹기 좋다.

수달은 범주화라는 요령을 과거 논술형 시험을 준비하며 스스로 깨달았다고 착각했다. 논술과외를 하면서 학생들에게도 반응이 좋았는데 당시에는 '덩어리'라고 표현했다. 회사생활을 시작하고 보고서 작성에 대한 여러 강좌를 듣다보니 완전히 동일한 접근법이 존재했다는 걸 알게 됐다. 'MECE'라는 방법론이다.[4] 이제 덩어리보다 MECE라고 표현하겠다. MECE란 Mutually Exclusive Collectively Exhaustive의 약자로서 '상호 배타적이면서 총합으로는 전체를 이루는 요소의 집합'이란 뜻이다. 어떤 것이 상호 중복이

----

4 〉 McKinsey & Company라는 컨설팅 회사가 이 용어를 최초로 사용했다고 알려져 있다(출처 : 위키백과).

없고 누락이 없다는 뜻인데 말이 어려우므로 예를 들어보자.

대중음악을 분석하는 글을 쓰려고 한다. 재즈는 어떻고, 팝은 어떠하며, 락(rock)은 어떤 곡들이 있으며, 힙합의 역사는 어떤지 줄줄이 나열하는 것보다는 나열될 내용을 윗 단에서 묶어 줄 수 있는 덩어리를 먼저 설정하는 것이 좋다(역시 덩어리라는 표현이 잘 와 닿는다).

가령 시대로 분류하든가, 국가별로 나눈다든가 말이다. 중요한 것은 그렇게 나눠진 덩어리를 모았을 때, 분석하려는 주제를 모두 포괄(cover)할 수 있어야 한다. 예시를 보면 좀 더 이해하기 쉽다.

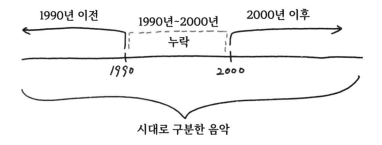

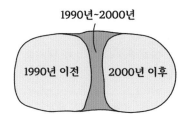

시대라는 기준으로 덩어리를 묶을 때를 예로 들어보자. 다양한 장르 곡을 1990년 이전과 2000년 이후라는 덩어리에 분류한 다음 분석하려고 한다. 이렇게 만들면 1990년과 2000년 사이에 만들어진 음악은 다룰 수 없게 된다. 음악이라는 주제를 분석하는 데 있어 '누락'이 생기는 것이다. 누락이 생기면 글의 설득력이 떨어진다. MECE 뜻에 적용해보면 집합(덩어리)을 만들었지만 그 집합 안에 들어간 요소의 총합이 '음악' 전체를 이루지 못한 경우다.

만약 1990년 이전과 1990년 이후로 집합을 구분하면 빈틈이 없다. 하지만 1990년 이전과 2000년 이후로 덩어리를 잡으면 1990년부터 2000년 사이 빈틈이 생긴다.

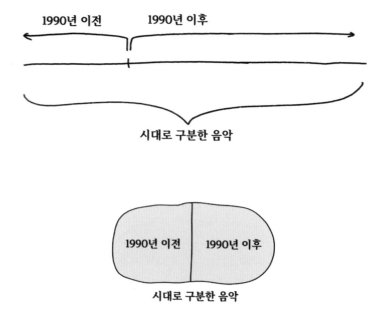

1990년 이전　　　**1990년 이후**

시대로 구분한 음악

1990년 이전　　**1990년 이후**

시대로 구분한 음악

Mutually Exclusive(상호 배타적)라는 건 무슨 의미일까. 요소의 집합(덩어리)을 만들 때 두 집합에 동시에 포함되는 요소가 없어야 함을 의미한다. 1990년 이전 음악과 1980년 이후 음악으로 덩어리를 만들어서도 안 된다는 뜻이다.

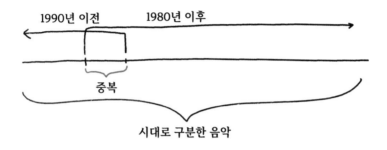

시대로 구분한 음악

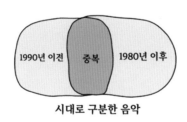

시대로 구분한 음악

시기(time)를 기준으로 예로 들다 보니 쉬워 보이지만 실무에서는 다양한 덩어리를 사용해야 할 때가 많다. 앞서 시간처럼 셀 수 있는 개념은 범위를 설정해서 상호 배타적인 덩어리를 만들 수 있다.

시간처럼 셀 수 있는 개념으로 덩어리를 나누기 어려운 경우에는 어떻게 하면 될까? 개념 그 자체로 상위개념을 구분 짓는 단어를 활용하는 것이다. 가령 '외부-내부'라는 단어는 '공간'이라는 대상을 개념 그 자체로 구분하되 어느 것도 누락되거나 중복되지 않는다. '공급-수요'도 마찬가지로 '거래'라는 대상을 개념 그 자체로 구분하되 누락되거나 중복되지 않는다. 이런 단어의 묶음을 적절히 활용하면 입체적인 논리 틀을 구성할 수 있다.

하나 더 신경 써야 할 게 있다. 그 자체로 대상을 상호 배타적으로 구분 짓는 개념을 쓸 때는 그 개념의 층위가 같아야 한다. 말이 어렵다. 예로 들면 쉽게 이해된다. 가령 '질적인 측면-양적인 측면'이라는 두 개념은 동일한 층위에서 대상을 나누고 있으므로 어색하지 않다. 그런데 '질적인 측면-형식적인 측면'이라고 틀을 짜면 뭔가 어색하다. 같은 층위가 아닌 개념 두 개로 하나의 대상을 구분 지으려 하기 때문이다. 대강 보기엔 적절해 보여도 엄밀하게 따지면 상호 배타적이지 않을 가능성이 크다.

정리하면 요소의 집합(덩어리)을 만들되 그 집합을 서로 겹치지도 않고, 빈틈이 생기지도 않도록 하는 개념들을 적극적으로 활용하자.

이제 업무적으로 접근해보자. 지역주민을 대상으로 취미 강연을 준비하고 있다. 그런데 상반기 주민 참여율이 굉장히 저조했다.

그래서 하반기에는 개선방안을 찾으려 한다. 문제점을 다음과 같이 뽑아봤다.

1. 오후 2시부터 강좌가 시작돼 직장인 대부분은 참여하기 힘듦
2. 온라인 신청이 불가하여 참여 접근성이 떨어짐
3. 강좌가 진행되는 장소인 주민센터가 도시 외곽에 위치해 교통이 불편
4. 몇 년째 커리큘럼의 변화 없이 같은 강좌를 실시 중
5. 악기, 테니스 강좌 등 고가의 도구를 활용해야 하는 강좌 비중이 높음
6. 수준에 상관없이 단일강좌로 개설

문제점마다 개선방안을 하나하나 제시할 수도 있지만 서로 연결된 문제점을 덩어리로 묶는 작업을 하면 더 효율적으로 개선방안을 도출할 수 있다. 일단 '강좌 자체의 문제'와 '강좌 외부의 문제'라는 범주화가 생각난다. 덩어리로 각각의 문제를 분류해보면 다음과 같다.

<강좌 자체 문제>

1. 몇 년째 커리큘럼의 변화 없이 같은 강좌를 실시 중
2. 악기, 테니스 강좌 등 고가의 도구를 활용해야 하는 강좌 비중이 높음
3. 수준에 상관없이 단일강좌로 개설

<강좌 외부 문제>

4. 오후 2시부터 강좌가 시작됨에 따라 대부분 직장인은 참여하기 힘듦

5. 온라인 신청이 불가하여 참여의 접근성이 떨어짐

6. 강좌가 진행되는 장소인 주민센터가 도시 외곽에 위치해 교통편이 불편

강좌라는 분석 대상의 내부-외부에서 문제를 찾는 MECE적 틀을 제시함으로써 단순히 문제점을 나열하는 것보다 한 층위 더 깊게 분석하는 효과를 준다. 보고서가 입체적이 된다.

대강 보고서의 목차를 그려보면 다음과 같다.

나열식으로 작성할 경우,

1. 검토 배경

2. 문제점 1), 2), 3), …

3. 개선방안 1), 2), 3), …

범주화해보는 경우,

1. 검토 배경

2. 문제점

   1) 강좌 자체의 문제 (1), (2), (3)

   2) 강좌 외부의 문제 (1), (2), (3)

3. 개선방안

   1) 강좌 콘텐츠 개선

   2) 강좌 제공 방식 개선

어떤가? 내용은 동일한 데 보고서가 입체적으로 보인다.

아이디어 화수분, 범주화

이런 식으로 보고서를 작성하면 좋은 점이 또 하나 있다. 원인을 분석하거나 대안을 생각(이라고 쓰고 '쥐어짤 때'라고 읽는다)하는 속도를 높이거나 사고 범위를 넓힐 수 있다. 앞에서는 이미 도출된 생각을 묶는 용도로 범주화를 활용했지만 새로운 생각을 도출하는 데도 도움을 준다.

보통 한두 가지 아이디어를 이미 염두에 두고 보고서를 작성하는 경우가 많다. 염두에 둔 아이디어에 더해 좀 더 다양한 아이디어를 제시하고 싶을 때 범주화가 유용하게 쓰인다.

오후 2시부터 강좌가 시작되다 보니 직장인들은 참여가 힘들다는 문제점은 이미 염두에 두고 있는 상태. 여기에 강좌 내부와 외부로 문제점을 나눠보는 범주화를 적용한다고 해보자. 직장인 참여가 힘들다는 문제점은 강좌 외부적인 문제다. 자연스럽게 그럼 강좌 자체의 문제점은 없는지를 고민하게 된다. 범주화 없이는 고민하기 어려웠던 사고의 방향을 제시해주는 것이다.

대안을 다양하게 떠올릴 때도 마찬가지로 쓸 수 있는 접근법이다. 당장 구체적인 해결방안이 떠오르지 않을 때 더 큰 시야를 먼저 현출시키면 뇌가 더 많은 나무를 볼 수 있게 되는 식이다.

단순 열거만 되어 있을 때는 보이지 않던 새로운 문제들과 해결 방법을 찾아낼 수도 있다. 맥도날드는 2006년 맥모닝을 출시했다. 맥도날드는 맥모닝 출시 전까지는 그들의 고객을 점심이나 저녁 대용으로 햄버거를 먹는 것으로만 여겨왔다. 하지만 우리가 아침/점심/저녁으로 분류해 밥을 먹는 것에 착안하여 시장의 분류를 아침/점심/저녁으로 분류해 새로운 아이템을 모색해 보았고, 아침 시장의 새로운 고객을 잡기 위해 맥모닝을 출시하게 됐다고 한다.

범주화로 질러 놓고 생각해

마지막으로 어떤 글을 써야 하는데 어떻게 시작해야 할지 모를 때 범주화로 시작하면 큰 도움이 될 때가 많다. 개선방안을 마련해야 하는데 도무지 가닥이 잡히지 않을 때 그 상위 범주를 일단 설정하는 것이다. 아무 개선방안이 없는데도 말이다. 전체 틀이 가시화되면 막연함이 없어진다. 어떤 부분에 집중해야 하는지 잘 드러내 줄 수 있기 때문이다.

'취미강좌 문제점 도출 및 개선방안'이 그저 막막하다면 덩어리를 먼저 지어보는 것이다. 문제점이 딱히 떠오르지 않으니 문제점을 생각할 수 있는 틀을 먼저 제시하는 것이다. '공급 측면-수요 측면'이라는 틀을 써보자. 틀만 제시했을 뿐인데도 번뜩 그에 맞는 내용들이 떠오른다. 공급자 차원에서는 온라인으로만 수강신청을 받도록 해놓았다는 것, 강좌가 이뤄지는 장소를 접근성이 좋지 않은 주민센터로 해놨다는 것을 떠올릴 수 있고, 수요자 차원에서는 강좌를 신청하는 사람들의 수준과 관계없이 단일한 강좌로만 구성했다는 점 등을 떠올릴 수 있다.

큰 틀을 먼저 제시하면 구체적인 생각이 자연스럽게 이어질 수 있는 것이다. 양적인 측면과 질적인 측면이라는 틀도 나쁘지 않다. 양적인 측면에서는 제공되는 강좌의 수가 너무 적다는 것, 질적인 측면에서는 매년 동일한 강좌가 개설되어 한번 수강한 주민은 다시 수강할 유인이 없다는 것 정도의 문제점을 도출할 수 있을 것이다.

그 외에도 많이 쓰이는 범주화 틀을 소개하면 다음과 같다.

과거/현재/미래, 질/양, 밖/안, 객관/주관, 단기/중기/장기, 개인/집단, 거시/미시 등 동전의 앞과 뒤처럼 제3의 영역이 없는, 사안을 빈틈없이 파악하게 해 준다는 공통점을 지닌다.

보고서 강좌를 수강하며 메모해 놓았던 범주화 틀을 만들어내는 방법도 함께 소개한다.

첫째, 누군가가 이미 만들어 놓은 틀을 이용한다. 학문적 이론이 대표적이다. 정책 결정을 효율성-형평성 관점에서 검토하는 것, 신규사업을 고객-경쟁사-회사로 분석하는 것 등이다.

둘째, 상호 반대되는 개념을 활용한다. 내부-외부, 남자-여자, 질적 측면-양적 측면, 장점-단점, 거시적 관점-미시적 관점, 하드웨어-소프트웨어 등이다. 가장 일반적으로 쓸 수 있는 방법이다.

셋째, 시간이나 순서를 덩어리 지어본다. 과거-현재-미래, 계획-실행-평가(plan-do-see) 등이다.

읽는 사람도 편~안

범주화로 글이나 보고서를 입체화하면 쓰는 사람뿐만 아니라 해당 글을 읽는 사람에게도 좋다. 글을 체계적으로 만들어 줄 뿐 아니라 가독성도 높아지기 때문이다. 어떤 구조화도 없이 나열된 글을 읽을 때는 지도 없이 길을 찾아다니는 것처럼 느껴진다. 우리는 이런 틀을 '목차'라는 이름으로 많이 접해 왔다. 상대방이 내 논리를 이해하기 쉽도록 큰 덩어리를 먼저 보여주고 차근차근 써 내려가는 수요자 중심의 접근이 쓰는 사람에게도, 읽는 사람에게도 좋다.

보고서 작성 방식 중 하나로 '개조식[5]'이라는 게 있다. 사전은 그 뜻을 '주로 정보를 간결하게 전달하기 위해 키워드 중심으로 표현

5） 글을 쓸 때 앞에 번호를 붙여 가며 짧게 끊어서 중요한 요점이나 단어를 나열하는 방식

하는 방식'이라고 설명하고 있다. 공적인 자료에 많이 쓰이는 서술방식이다 보니 감정적 표현은 잘 쓰이지 않고, 사실 전달 위주의 객관적인 표현이 많아 문체가 건조하다. 개조식의 또다른 특징이라면 명사형으로 문장을 끝맺는다.

'명사로 끝맺는다'를 개조식으로 고쳐보자면, '명사로 끝맺음', '명사로 마무리', '마무리를 명사화' 등으로 표현될 수 있다. 간단한 예시만 봐도 개조식이 얼마나 딱딱한 서술방식인지 느껴진다(여담으로 수달은 '~함', '~임'으로 명사화시키는 전자보다는 후자 방식을 더 선호). 조금 더 구체적인 예시를 들어보자.

'청년 참여 활성화를 통한 다양한 정책 전주기 지원'

먼저 위 문장은 의도하는 바가 무엇인지 명확하지도 않고 문장도 어렵다. 문장을 수정하기 전에 그 의도를 먼저 파악해 보자. 예컨대 정부가 앞으로 청년을 대상으로 하는 정책을 시행할 때 정책 대상자인 청년의 목소리를 많이 반영하겠다는 의미라고 해보자.

보고서가 어렵게 느껴지고, 이해하기 어려운 이유 중 하나는 개조식 문장에 명사가 많이 쓰이기 때문이다. 간결하게 핵심을 (쉽게) 전달하려는 이유로 사용하는데, '간결'함에 힘을 주다 보니 긴 뜻을 짧은 단어에 담을 수 있는 명사가 많이 쓰여서 그렇다. 그런데 동사보다 명사가 더 이해하기 어렵고 글의 가독성도 떨어진다. 문장 뜻이 직설적이지 못해 그 뜻을 바로 파악하기 어렵기 때문이다.

'청년 참여 활성화를 통한'에서 '통한'이라는 표현은 명확하지 않은 표현이므로 삭제하고 '청년 참여 활성화'라고 명사로 구성된 문장은 '청년의 참여를 높여'라는 동사형 표현으로 바꾸면 더 이해하기 쉽다. '다양한 정책 전주기 지원'을 '정책을 시행하는 단계별로'라고 수정해서 의도하는 바를 풀어서 명확하게 써주면 좋다.

수정한 내용을 합쳐보면 다음과 같다.

'청년 참여 활성화를 통한 다양한 정책 전주기 지원'
→ '정책을 시행하는 단계별로 청년의 참여를 높이도록 지원'

잘 읽히면서 그 뜻도 이해하기 쉽다.

활성화, 기여, 증진, 지원 등 딱 떨어지는 명사형이 개조식 표현에 많이 쓰이지만 남용할 경우 문장이 단어별로 툭툭 분리되어 전체 내용을 이해하기 힘들게 만든다.

아울러 '~것', '~성(性)', '~도(度)'처럼 동사를 명사로 바꾸는 표현도 최대한 안 쓰는 게 좋다. 예컨데 '청년 참여를 저조하게 만드는 것은 복잡한 의견제출 절차'라는 문장은 '청년 참여를 저조하게 만드는 원인은 복잡한 의견제출 절차'라는 식으로 '것'에 해당되는 구체적인 표현을 써주는 게 좋다. '업무 효율성을 높이는'이라는 표현은 '업무 효율을 높이는'이라고 바꿔도 이해하는 데 아무런 문제가 없다. 또 '청년의 참여도를 제고하고'는 '청년 참여를 높이고'라고 써도 충분하다. '서비스 관리를 효율적으로 하기 위해'라는 표현은 '서비스 관리 효율을 위해'라고 쓰면 이해하기 더 쉽다.

쓰고자 하는 내용을 명확하게 이해하는 것이 우선이고 두 번째는 그 내용을 최대한 명확하고 쉽게 전달해야 하므로 조금 고급(?)스럽지 않더라도 동사형 표현을 활용하는 것이 좋다.

여백이 주는 압박

　　보고서로 채워야 할 백지를 보고 있노라면 긴 한숨부터 나온다.
마치 광활한 사막에 놓인 것처럼 막막한 기분. 한줄한줄 써 내려가

기가 철근을 진 것같이 느껴질 때도 있다. 그렇게 피땀 어려 작성한 보고서가 휴지 조각처럼 날아갈 땐 철근보다 무거운 실망감이 짓누른다. 100점짜리 보고서는 바라지도 않는다. 여백 앞에 한숨 쉬지 않으려면 어떻게 해야 할까?

큼직한 단락으로 보고서 나누기

모든 글쓰기가 그렇듯 첫 시작이 어렵다. 특히 다룰 주제가 추상적이고 거창할수록 갈피를 잡기 힘들다. 주제를 있는 그대로 접근하지 말고 어떻게든 쪼개 보자는 접근을 추천한다. 입체적인 글쓰기에서 소개한 MECE와도 일맥상통한다.

가령 '사랑에 대해 논해보시오'라는 주제로 논술시험을 본다고 가정해보자. 최소 3,000자 이상일 때 어떻게 글을 써야 할까. '어떻게'라는 기술적인 관점에서 고민해보는 것이다.

생각나는 대로 써 내려가면 500자도 채우기도 힘들다. 전략이 필요하다. 사랑이라는 추상적 개념을 나름의 기준으로 쪼개 보는 것이다. 현실적 사랑-이상적 사랑이 있을 수 있겠다. 정신적 사랑-육체적 사랑으로도 쪼개 볼 수 있겠다. 유년기-청소년기-성인의 사랑으로도 쪼개 볼 수 있겠다. 사랑이란 단어를 시간으로도 나눠보고, 형태로도 쪼개 보는 것이다. 추상적인 개념이 구체적인 개념들의 집합으로 보여지게 된다.

쪼개고 가지치기

가령 '메타버스 활용방안'에 대해 아이디어를 내보란 지시가 있다고 하자. 수달은 문과고 집에 가고 싶은 생각뿐이다. 구글에 메타버스를 끄적이며 그나마 이해한 '플랫폼'과 '콘텐츠'로 나눠서 생각해 봐야겠다 정도다. 좀 더 검색해보니 제페토다 뭐다 요즘 핫한 메타버스 플랫폼이 있고, 그 플랫폼에서 게임도 하고 행사도 하고 다양한 콘텐츠가 제공되는 것 같다.

보고서 파일을 열어 플랫폼과 콘텐츠를 큼지막하게 써본다. 그런 다음 사고의 가닥을 가지 쳐 본다. 우리 기관이 메타버스에 초점을 맞춰야 할 부분은 플랫폼인지 콘텐츠인지 말이다. 막연하기만 했던 주제가 나름의 기준으로 쪼개지고 나니 판단하기 수월해졌다. 수달은 기존 플랫폼을 활용하면서 그 안에 기관의 차별화된 콘텐츠를 담는 게 바람직하다고 논리를 만들어 나가본다.

살 붙이기

여기까지 오면 막연해 보였던 보고서에 한줄기 빛이 보이기 시작한다. '플랫폼 구축보다는 기존 플랫폼을 활용, 콘텐츠 발굴에 집중할 필요', 검토방향이 잡히고 나면 논리의 살을 붙이는 작업을 한다. 플랫폼 덩어리에는 플랫폼 자체 구축이 왜 바람직하지 않은지 결론을 뒷받침해줄 논리와 논거를 찾는다. 이미 대중적인 플랫폼이 존재하고, 새로운 플랫폼 구축에 비용과 시간이 든다는 정도로 논거를 구성해 갈 것이다. 그리고 콘텐츠 덩어리에는 어떤 차별점을 둘 것인지 우리 기관의 업무나 사업에 대해 골똘히 생각할 것이다.

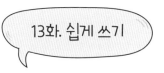

내가 아닌 남이 볼 글

　보통 보고서를 쉽게 썼느냐의 기준을 '중학생 조카가 읽어봐도 무슨 내용인지 알도록'이란 비유를 든다. 보고서가 다루는 내용도 그렇거니와 개조식이라는 보고서 특유의 문체가 보고서 읽기나 쓰기를 더 어렵게 만들기도 한다.

정보를 간결하게 전달하고 가독성을 높이기 위해 키워드 중심으로 보고서를 쓰려고 할 때 흔히들 하는 실수 중 하나가 글자 수를 줄이면 '간결성'을 충족시킨다고 생각하는 것이다. 그러다보니 별 고민 없이 조사를 생략해 의미가 모호해지게 만들거나 뜻 글자인 한자어를 많이 쓰게 된다. 불필요한 단어를 줄이거나 좀 더 짧고 명확한 다른 단어로 바꾸는 게 아니라면 무작정 단어 수만 줄이는 건 오히려 독이 될 수 있다.

예를 들어 'A상품을 전해주다'라는 표현을 보고서에 'A상품 전달'이라 작성했다고 하자. 작성자는 목적어인 'A상품'이라는 단어는 가장 중요하므로 건드리지 않고 '을'이라는 조사를 생략해 문장을 줄였다. 그다음 '전해주다'는 동사는 '전달'이라는 한자어로 바꿔 글자수를 줄였다.

그런데 이렇게 문장을 줄여버리면 의미가 모호해진다. 작성자는 A상품이 전달할 대상이란 걸 알고 있지만 'A상품 전달'이라는 표현만 접하게 되는 누군가(대개 상사)는 A상품이 전달 '된' 것인지, A상품을 전달 '할' 것인지를 표현만으로는 명확하게 알 수 없다. 보고서의 맥락(context)을 알아야 그 의미가 명확해진다. 글을 읽으면서 한번 더 생각하게 만드는 보고서는 좋은 보고서가 아니다.

거저 떠먹여 준다는 마인드로 글을 써야

개조식으로 쓰기 위해 조사를 생략하거나 한자어를 많이 쓰면 글이 어려워진다.

'판매량을 늘리기 위해'라는 문장이 있다. 조사를 생략하고 '늘리기'를 '확대'라는 한자어로 바꿔 '판매량 확대를 위해'라고 수정했다고 하자. 간결한 느낌은 주지만 정확한 의미를 파악하는 데 시간이 좀 더 걸린다. 이런 식으로 수정된 문장이 쌓이면 이상하게 어려운 보고서가 된다.

또 '입주 대상 기업 분석 및 유치 전략 개발'이라는 예시 문장이 있다. 읽기도 이해하기도 어렵다. 조사를 지나치게 생략했기 때문이다. 물론 이 문장이 들어간 보고서를 쓴 사람과 읽는 사람은 높은 확률로 이 문장이 의도하는 바가 뭔지 알 것이다. 그래서 그러려니 넘어가는 경우가 많다. 보고서를 쓴 맥락을 공유하고 있기 때문에 많은 부분을 보완해주기 때문이다. 하지만 결코 좋은 예라 할 수 없다.

'입주 대상 기업 분석 및 유치 전략 개발'이 무엇을 의미하는지 먼저 뜯어서 살펴보고 문장을 수정해보자.

1) 가장 큰 문제는 어떤 기업을 대상으로 하는지가 명확하지 않다. 대상이 (어딘가로) 입주를 하려는 기업인지, 이미 입주를 하고 있는 기업인지 모호하다.

2) 무엇을 분석하겠다는 것인지가 구체적이지 않다. 애로사항이 무엇인지 파악해서 분석하겠다는 의미로도 해석할 수 있고, 이미 입주한 기업이 어떤 공통점을 지니고 있는지를 분석해 추가로 새로운 기업을 발굴하는 데 활용하겠다는 의미로도 해석할 수 있다.

3) '및'으로 두 메시지가 연결되어 있다. '입주 대상 기업 분석'과 '유치 전략 개발'이 별개의 내용인지 아니면 '입주 대상 기업 분석'을 토대로 '유치 전략 개발'을 하겠다는 뜻인지 명확하지 않다.

이 외에도 예시문이 의미할 수 있는 내용은 많다. 조사를 지나치게 생략하다 보니 그 뜻이 모호해졌기 때문이다. 중요한 사항에 대해서는 차라리 한 줄 더 길어지더라도 쉽고 명확하게 쓰는 게 낫다.

작성자의 의도가 이미 입주한 기업이 어떤 공통점들을 지니고 있는지 분석해 비슷한 특징을 지닌 기업을 추가로 발굴하고 입주시키려 한다고 가정하고 고쳐 써보자.

입주 대상 기업 분석 및 유치 전략 개발
→ (1차 수정) 입주해 있는 기업의 특성을 분석해 추가로 입주 가능한 기업 유치 전략을 개발

좀 더 간결하게 만들면서 뜻은 모호하지 않도록 수정하면,

→ (2차 수정) 기존 입주기업의 공통점을 토대로 신규기업 유치전략을 개발

　중요한 내용은 충분히 풀어쓰고 중요하지 않은 건 과감히 줄이는 식이 낫다. 중요하지 않다면 문장 전체를 들어내는 것도 좋다. 너무 많은 내용을 담으려고 하면 오히려 핵심을 전달하지 못한다. 어떤 내용을 덜어낼지의 기준은 상사에게 필요한 정보인지다. 담당자인 내게는 중요해도 상사에게는 그리 중요하지 않은 내용이라고 판단되면 과감하게 생략하는 것이 좋다. 한두 단어 바꿔서 될 일이 아니란 생각이 들면(대개 느낌이 온다) 맘 단단히 먹고 문장 전체를 들어내야 한다.

미사여구로 허세 부리지 말자, 들통나니까

전문용어나 미사여구가 많은 보고서가 있다. 처음 수달은 '내가 잘 몰라 보고서를 이해하지 못한다'라고 생각했다. 지금은 어렵게 쓴 보고서를 보면, '담당자가 잘 모르기 때문에 어려운 단어로 자신의 무지를 숨겼다'는 생각을 많이 하게 된다. 내가 정말 잘 알면 설명도 쉽다. 조카에게 게임을 설명한다고 해보자. 만렙 찍은 삼촌이 알려주는 게임 설명과 시작한 지 3일된 삼촌이 알려주는 게임 설명은 다를 수밖에 없다.

전문용어가 많이 등장하는 부서에서 근무할 때의 일이다. 최고 상사에게 특정 기술을 설명하는 자료를 작성할 기회가 있었다. 담당자인 수달이 작성하면 과장, 국장, 실장까지 보고하게 된다.

사실 확인이나 논리적인 부분은 과장 단계에서 대부분 수정된다. 실·국장부터는 보고받을 최고 상사를 어떻게 쉽게 이해시킬 수 있는지에 초점을 둔다. 어렵고 자세한 내용을 어떻게 쉽게 설명할지가 관건. 내용을 파악한 실·국장이 구두로 설명하는 방법도 있지만 대부분은 보고서를 꼼꼼히 검토한다.

같은 보고서에 대해 직급별 피드백을 받아보면 그들이 어디에 시야를 두고 있는지 알 수 있다. (수정해야 한다는 피곤함을 제쳐두면 참 흥미로움) 담당자는 최대한 자세하게 문장을 구성한다. 빠뜨린 게 있으면 안 된다는 강박 때문일지도? 과장급은 그 사실이 정확한지 확인하고 논리에 오점이 있는지를 확인한다. 실·국장급은 결론이 얼마나 선명하고 쉬운 언어로 표현되었는지를 확인한다. 초점을 어디 두느냐에 따라 문장을 바라보는 관점이 확연히 달라진다. 같은 보고서라도 직급에 따라 언어와 문법도 달라지는 것이다.

무뚝뚝하게 진화된 보고서

기관별 또는 기업별 특유의 보고서 형식이 있다. 처음엔 거부감이 들 정도로 어색한 표현이나 구성이라 느껴질 수 있는데(적어도 수달은 그랬다) 익숙해질 필요가 있다. 보고서를 쓰는 당신보다 보고서를 읽을 사람이 그 형식을 길게는 20년 이상 봐 왔을 사람이기 때문이다.

규격화된 표현과 형식은 처음 맞닥뜨리면 불편함이 확 밀려온다. 자연스럽지 못한 문구와 형식에 꿰맞춘다는 느낌을 지울 수 없다. 하지만 수많은 시행착오를 겪으며 수요자에 맞춰 진화해 온 산물일 테니 받아들여야 한다.

어색하게 느껴지는 규격 때문에 여백을 채우기 어려울 때 쓸 만한 팁을 소개한다. 본격적인 설명에 앞서 노래로 비유를 들어보겠다. 잔잔한 인트로를 시작으로 1절 멜로디가 이어지다가 귀에 쏙 들어오는 후렴이 나온다. 다시 비슷한 패턴으로 2절과 후렴이 반복되다가 노래가 끝난다. 청자는 (인트로 - 절 - 후렴)의 순서로 노래를 듣지만 작곡가는 거꾸로 (후렴 - 절 - 인트로) 순으로 노래를 만들었을 수도 있다.

실제로 듣는 사람을 확 끌어당기는 후렴을 먼저 떠올린 다음 후렴에 어울리도록 1·2절을 작곡하는 경우도 많다. 이런 식으로 작곡할 때는 후렴이 잘 만들어지면 수월하게 한 곡을 완성할 수 있다고 한다.

세상 이치는 분야를 막론하고 관통하는 것이 있나 보다. 보고서 목차 규격을 처음부터 꾸역꾸역 맞추지 말고 내가 먼저 하고 싶은 이야기를 최대한 자세하게 써본다. 그렇게 모아 놓은 말 중에 '보고서 문장 첫머리에 넣어서 이 보고서를 왜 쓰게 됐는지 소개하는 용도로 활용하면 좋겠다', '이 내용은 핵심은 아니니 뒤로 빼서 참고 사항 정도로 훑어주면 좋겠다' 식으로 채워야 할 목차에 배분하는 것이다. 처음부터 주어진 목차 순서대로 내용을 집어넣으려 하면 억지스러운 글이 되거나 매끄럽게 이어지지 못할 수 있다.

'재택근무 활성화 방안'을 예로 들어보자

'검토배경 – 현황 및 문제점 – 주요 내용 – 향후 계획'이라는 목차에 순서대로 내용을 집어넣기보다는 주요 내용을 먼저 채워보는 것이다. 의식의 흐름대로 최대한 자세히 써보는 것이다.

재택근무자가 대면근무자보다 근무평가에서 손해를 볼 수 있다는 불안감을 해소하기 위해 근무 평가에 정량 평가 비율을 대폭 증대, 대민 업무 등 업무 자체 특성으로 인해 재택근무가 불가능한 경우에 시스템으로 보완 가능한지 검토, 재택근무 시에도 출근 근무와 동일한 업무 효율을 달성하도록 보고체계 대대적 수정 등 다양한 초점에서 활성화 방안을 떠올려 본다.

활성화 방안을 자유롭게 기술하다 보니 각각의 방안들로부터 문제점이 보인다. 그러한 내용은 따로 묶어서 현황 및 문제점 목차에 넣는다.

위의 예시에 따르면 1. 재택으로 업무를 수행하는 '과정'에서 발생할 수 있는 문제점, 2. 재택으로 업무를 수행한 '결과'와 관련해 발생할 수 있는 문제점으로 구분할 수 있겠다.

추진 배경은 문제점과 주요내용에 들어갈 내용으로 자연스럽게 이어질 수 있는 사실이나 이슈를 짚어준다.

감염병 예방을 위해 집합근무를 최소화할 필요, IT기술 발달로 충분히 가능해진 재택근무를 적극적으로 활용해 사업운영 비용을 합리적으로 감축할 기회 등을 제시할 수 있겠다.

처음 '재택근무 활성화 방안'을 주제로 보고서를 쓴다고 했을 때 추진 배경부터 쓴다고 하면 막연하고 어렵다. 꾸역꾸역 내용을 채워 넣는다 해도 자연스럽게 문제점과 주요 내용으로 이어지도록 논리를 구성해 가는 것도 만만찮은 작업이다.

가장 중요한 할 말을 자유롭게 작성한 뒤 그 내용을 뒷받침하는 내용을 앞뒤 목차에 배분하다 보면 그럴싸한 보고서를 비교적 짧은 시간 안에 작성할 수 있다. 목차별로 추가해야 할 내용을 떠올리기도 쉽다. 마치 귀에 쏙 들어오는 멋진 후렴을 만든 다음 그 후렴으로 자연스럽게 이어질 수 있도록 인트로와 멜로디를 만드는 것처럼 말이다.

15화. 한 장 안에 쓰기/주어 생각하기

야, 딱 한 장만 더하자(한 잔 아님)

일하다 보면 한 장짜리 보고서 쓸 일이 꽤 많다. 시급한 동향 보고는 물론이거니와 종합계획처럼 긴 호흡을 가진 보고서 초안도

한 장으로 시작할 때가 많다.

그럼 왜 '딱 한 장'일까. 누차 설명했듯 '보고서'는 보고 대상이 있고, 대개 그 보고 대상은 부서 업무 전체를 관리하느라 바쁜 상사이기 때문이다. 보고서 최소단위인 한 장으로 핵심만 전달한 뒤 추가 내용을 원하거나 더 구체화시키자는 합의가 있을 때 자세한 보고서로 나아가는 게 일반적이다.

일반적이진 않지만 행사나 회의에 참석하는 상사의 손이 허전하지 않도록 쥐여주는 용도로도 한 장 보고서는 많이 작성된다. 그러다보니 내용 불문 한 장짜리 보고서를 빨리 잘 만들어내는 건 우수한 역량으로 여겨진다.

압축률 최고, 한 장 보고서

수십 페이지, 심지어 수백 페이지가 넘는 보고서도 한 장으로 요약한다. 신기하게도 가능하다. 잘 쓴 한 장짜리 보고서는 군더더기 없이 전체 보고서를 조망한다.

보고서 전체의 내용을 단순히 발췌만 해서는 한 장 보고서를 제대로 만들 수 없다. 내용을 줄일 때 단어나 문장도 새롭게 써야 할 때가 많으므로 양을 늘리는 것보다 줄이는 게 더 어렵다. 양을 줄이는 데만 신경쓰면 보고서를 읽는 사람으로서는 무슨 말을 쓴 건지 알아먹기 힘든 문장이 탄생하기 쉽다.

또 충분히 내용을 이해하고 있지 않으면 요약하기 어렵다. 내용을 잘 이해하지 못하면 무엇이 더 중요한지 판단이 잘 안 서기 때문에 이것도 중요한 것 같고 저것도 중요한 내용처럼 느껴진다. 이 것저것 추가하게 되고 1장에 담지 못한다. 마치 학창 시절 의욕에 넘쳐 만들던 요약노트가 어느 순간 교과서보다 두꺼워지는 현상처럼 말이다.

누가 볼 자료인지를 생각하며

그렇다면 어떤 내용을 남기고 어떤 내용을 과감히 날려버려야 하는 걸까? 보고서를 최종적으로 볼 사람이 원하는 정보나 알아야 할 정보가 아닌 내용은 과감히 생략하는 것이 좋다. 최종적으로 과장이 볼 보고서인지, 국장이 볼 보고서인지, 최고 결정권자가 볼 보고서인지에 따라 들어갈 내용들이 조금씩 달라진다.

행사계획서로 예를 들어보자.

만약 1·2부로 나뉘는 행사 2부에 참석하는 상사에게 보고하는 자료라면 1부 일정을 자세하게 적을 필요가 없다. 1부는 매우 간단히 (언제부터 언제까지인지 정도로도 충분) 정리하고, 2부 일정을 더 구체적으로 정리하는 요령이 필요하다.

검토보고서를 예로 들어보자.

새로 출시하는 앱 서비스 개선점을 사전에 파악하기 위해 베타테스터를 모집해 2달간 테스트를 진행했다고 가정하자.

- 개선 사항
  - 특정 메뉴로 진입하는 과정에서 발생하는 랙 개선
  - 복잡한 유저 인터페이스 개선 요구

얼핏 보면 이상할 게 없다. 하지만 엄밀히 말해 두 번째 개선사항인 '복잡한 유저 인터페이스 개선 요구'라는 표현은 어색하다. 이 보고서의 주어는 서비스 출시 업체다. 개선 '요구'는 누가 하는 것일까? 베타테스터들의 의견이므로 주어가 다르다. '복잡한 유저 인터페이스 개선'이라고 쓰거나 '복잡한 유저 인터페이스 개선 요구 반영'이라고 수정하는 것이 더 부드럽다. 보고서의 주어를 염두에 두고 술어를 맞게 수정하는 것이 좋다.

전달할 내용은 3~4줄이면 충분한데 보고서로 작성해야 할 때가 있다. 핵심만 서술하고 여백을 비워두자니 뭔가 찝찝하다. 상사에게 필요한 정보는 모두 담았는데도 성의 없어 보인다. 어찌하면 좋을까?

하수 : 줄 간격·폰트 조정, 문장 늘리기

하수는 먼저 글자 크기를 15포인트에서 16으로 키운다. 문장이 한 줄 늘어날까 말까 하다. 이제 160%이던 줄 간격을 180%, 190%으로 늘려본다. 시원시원하긴 한데 뭔가 휑하다. 멀쩡한 문장에 수식어를 구겨 넣거나 부연 설명을 넣어본다. 높은 확률로 여백으로 놔두니만 못한 결과를 가져온다.

중수 : 장황하게 서론 만들기

중수쯤 되면 하수처럼 물리적으로 양을 늘리기보단 화학적으로 양을 늘리는 시도를 한다. 여기서 큰 실수는 서론을 장황하게 늘어놓는 것이다. 지시자도 알고 당사자도 아는 보고서 작성 배경을 자세하게 늘리거나 어려운 통계수치를 집어넣어 구색을 갖추려고 한다. (이 방식이 편하기 때문)

겉으로 보기엔 그럴싸해 보이지만 서론이 너무 장황하면 핵심 내용이 알차도 좋은 인상을 줄 수 없다. 상사 역시 '구색 갖추려고 만든 서론'인 걸 알기 때문이다. 경험 많은 상사는 서론은 읽지도 않고 주요 내용으로 바로 눈이 향한다. 서론을 늘려쓰는 건 너무 의례적이라 보고서 작성자도 지시자도 신경 안 쓰는, 그야말로 더미 같은 역할만 할 때가 많다. (구색 갖추는, 그 이상도 그 이하도 아닌 방법)

고수 : 다음 줄거리 붙이기

드라마를 볼 때도 지난 줄거리보단 다음 줄거리가 훨씬 보고 싶다. '다음' 이야기를 서술하면서 여백을 채우는 방법이 좋다. 중수처럼 서론을 늘리는 데 초점을 두면 이미 지나간 배경이나 동향을 훑는 데 그칠 가능성이 크다. 보고서는 논리든 시간이든 위에서 아래로 갈수록 다음(next) 이야기가 나오는 게 자연스럽다. 내용을 늘리기 위한 초점을 앞에 둘 것인지, 뒤에 둘 것인지에 따라 결과가 확연히 달라진다. 보고해야 할 내용 그 자체는 최대한 빨리 현출하고, 그로 인해 예상되는 쟁점이나 향후의 계획이 뒤를 잇도록 내용을 추가하는 방법을 추천한다.

논리나 시간의 다음(next)을 제시하기 힘들 때는 다른 국면의 사례를 추가하는 것이 또 하나의 방법이다. 중요한 건 3~4줄이면 전달이 충분한 핵심 내용을 부연하는 식의 서술이어선 안 된다. 같은 내용의 부연 설명을 추가하는 식은 마치 아랫돌 빼서 윗돌 빼는 식이다. 다른 분야의 유사한 사례, 해외사례처럼 존재 지평이 다른 내용을 추가하는 걸 추천한다.

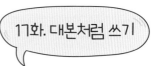

17화. 대본처럼 쓰기

그놈의 보고서

나름 보고서충(蟲)이라 자칭하는 수달. 많이 써보고 혼나도 봤지만 여전히 어렵다. 표현이 매끄러워야 하는지, 목차를 잘 짜야 하는지, 내용이 자세해야 하는지, 아니면 반대로 내용이 잘 읽히도록 쉽고 짧아야 하는지…. 천차만별인 가이드라인 앞에서 매번 한숨만 나온다. 그러다 '보고' 잘한다고 소문난 과장님을 모시게 되면서, 더 정확하게는 유심히 관찰하면서 실마리를 어느 정도 풀게 됐으니 소개해본다.

내가 쓴 거랑 별 차이도 없어 보이는구먼

고민해서 작성한 보고서를 들이밀면 과장님은 곧잘 틀을 바꾸고 내용을 첨삭했다. 안 당해(?) 본 사람은 모른다. 고심해서 쓴 표현들이 줄 그어지고 별반 차이도 없어 보이는 표현으로 수정되는 상황의 자괴감을 말이다.

그런데 그렇게 수정된 보고서를 들고 함께 실장님 보고를 가보면 알게 된다(대개 실장 보고는 담당 과장이 함). 족집게 과외처럼 어찌나 깔끔하게 들리는지 모른다. 또 듣고 싶을 정도로.

어떻게 그렇게 보고를 잘하시는지 부럽고 궁금했다. 처음에는 업무숙지를 잘하고 계셨기 때문이라 생각했다. 하지만 개별 업무는 담당자들이 더 자세하고 깊게 아는 경우가 많고, 그 세세한 정보를 과장이 일일이 묻는 일이 많은 걸 보면 단순히 업무 숙지의 차이로 비롯된 건 아닌 것 같다.

보고서를 대본처럼

상사가 몇 번 더 보고서를 수정하고, 수정된 보고서로 더 높은 상사에게 보고하는 것을 지켜보며 깨달은 건 보고서를 마치 대본처럼 자연스럽게 활용한다는 느낌이었다.

그렇게 느끼고 난 이후 또 다른 보고서를 수정받을 때 찬찬히 관찰해봤다. 과장님 본인에게 익숙한 표현이나 논리를 되새기며 보고서의 단락이나 문장, 표현들을 수정한다는 걸 알게 되었다.

많은 보고자가 보고서 작성과 보고 행위를 별개로 여긴다. 보고받는 자가 '보기(to read)' 편하게 이쁘고, 깔끔하게 내용을 전달하는 것에만 신경 쓰다 보면, 보고하는 자가 '보고 하기(to report)'에는 어색한 구성이 될 수 있는 것이다.

과장님의 첨삭에 대단한 건 거의 없다. 내용은 다 비슷비슷하다. 그게 그거인 것 같은데, 과장님은 문장의 순서를 바꾸거나, 단어를 바꾸거나, 논리를 추가했다. 처음엔 '그냥 본인이 쓰지 왜 날 시킨대?'라고 생각하기도 했지만 몇 번을 경험하다 보니 내용이 틀려서 수정하는 것이 아니라 자신만의 보고 스타일에 맞게 보고서를 수정하기 위해 지시하는 것임을 알게 됐다.

주제가 정해지면 본인이 그 보고서를 활용해 어떻게 보고할지 시뮬레이션하면서 보고서를 수정했던 거다. 어떤 이유로 이 보고를 하게 되었는지, 무엇에 대해 주로 논의할 것인지, 구체적인 내용은 어떤 것이 있는지 마치 보고서라는 형식에 시나리오를 담아내는 느낌.

그렇게 이해하고 보니, 과장님이 갑자기 왜 이 목차를 빼고, 이 목차를 넣었는지, 문장의 순서를 뒤바꿨는지 이해가 됐다. 동일한 내용을 전달하더라도 사람마다 자신만의 화법이 있는 것처럼 말이다. 자신만의 대본에 어색한 부분을 재배치하고, 수정을 했던 것.

그 이후로 수달의 시선도 바뀌었다. 보고서를 테이블에 놓고 어떻게 전달할지를 먼저 생각하면서 보고서를 작성하고 수정하고 있다. 보고서에 담기는 핵심 내용은 다 비슷비슷하다. 그 주제에 대해 치열하게 고민해 본 사람이라면 말이다. 내용은 비슷한데 잘 쓴 보고서와 별로인 보고서로 평가가 갈리는 요소 중 하나가 바로 '보고'라는 행위를 고려했는지다.

예를 들어보자. 수달 팀은 올해 기존과는 다른 새로운 형태의 포럼을 기획했고, 그 포럼의 진행 여부를 결정권자로부터 승인받기 위해 보고서를 쓰려한다. 이 보고서 목적은 올해 포럼이 작년 포럼과는 다른 결과를 가져올 수 있을 것이란 믿음을 상사에게 심기 위함이다.

보고 상황을 가정하며 마치 대본을 쓰는 것처럼 작성해본다.

먼저 왜 이 보고서를 쓰게 되었는지를 이야기하며 시작하고 싶다. 눈에 띄는 박스 안에 색깔도 넣어서 결론을 맨 위에 배치한다.

"올해는 기존과는 다른 OOO의 방식을 적용한 포럼을 추진하고자 합니다." - 보고 내용 요약

(예상 질문) 왜 기존과 다르게 추진하려고(해야) 하나요?

"기존 포럼은 딱딱한 회의식 포럼으로 진행됐는데요. 그러다 보니 포럼에서 나온 과제가 특별히 신선하지 않았습니다. 발상의 전환을 가져오는 새로운 아이디어 발굴을 위해 포럼의 형태를 바꾸는 시도를 하고자 합니다." - 추진 배경

(예상 질문) 어떻게 다르게 할 건데요?

"포럼 참여자는 ~로 구성하고, 포럼의 주제는 ~로 선정하려 합니다. 포럼 진행은 발상의 전환을 유도할 수 있는 ~ 방식을 적극 도입하고자 합니다." - 포럼 개선안

(예상 질문) 그럼 추가로 뭐 필요한 건 없나요?

"일단 이달 말까지 주제랑 협조사항을 정리해서 관련부서와 협의를 한번 하겠습니다. 그 뒤에 포럼 취지에 맞는 참석자들을 섭외하면서 회차별로 진행하려 합니다." - 향후 일정과 진행을 위한 관련부서 협조사항

많은 사람이 기존 보고서 양식을 그대로 따와 그 안에 본인의 보고 내용을 끼워 넣는 식으로 작성을 한다. 그러나 보고서를 내가 할 말을 정갈하게 정리한 자료라고 인식하고 목차도, 내용도 내가 말하기 편한 방식으로 구성해도 크게 문제없다. 보편적으로 많이 사용하는 양식이 분명 여러 가지 시행착오 끝에 최적화된 모습이겠지만 구속될 필요는 없다. 내가 하고 싶은 핵심적인 내용을 명확하게 정리하고, 정리된 후에 어떻게 말을 해 나갈지에 대한 대본처럼 보고서를 작성하는 훈련이 필요하다.

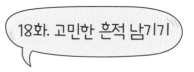

18화. 고민한 흔적 남기기

깔끔한 정리보다 엉성한 고민의 흔적이 중요한 이유

    보고서는 타인(특히 상사)을 위해 존재한다는 태생을 상기하며 아래 소개하는 보고서 작성 접근법을 보자. 둘 다 큰 방향성에 어긋나지 않는다면 어느 접근법이 나을까?

1. 상사가 사안을 파악하는 시간을 줄여주는 보고서

vs

2. 상사가 내릴 수 있는 선택지를 보여주는 보고서

경험상 후자가 소위 더 '먹힌다.'

타 기관 연구원에서 작성된 두 쪽 남짓한 기술동향 자료를 분석해 우리 기관에 적용할 만한지 검토하라는 지시를 받은 적 있다. IT 쪽이라 서버니 DB니 단어부터 생소해 진도를 거의 못 빼고, 관련 자료를 검색해 붙여넣는 식으로 작성하다 보니 그저 깔끔하게 '정리'하는 데 치중했다. 해당 프로젝트가 흐지부지되면서 초안 보고 후 최종보고서 작성까지 이어지진 않았지만 초안 보고부터 상사 반응이 유쾌하지 않았다.

또 타 기관에서 입안하려는 법안이 근무기관 소관 법안과 유사하거나 충돌 우려가 있을 수 있다고 판단해 어떤 사안에서 어떻게 대응해야 하는지를 검토해보란 지시를 받은 적도 있다. 소관 업무 전반을 아우르지 못했던 탓에 유사 조항을 비교하는 표를 만드는 데 집중하고 더 큰 시야로 어떤 문제에 어떻게 대응해야 하는지는 제대로 작성하지 못했다. 이후 상사의 판단을 받아쓰는 정도로 보고서 작성을 하면서 애를 먹은 적도 있다.

좀 다른 경험도 있다. 건축 소재 관련 보고서 작성을 했을 때다. 마찬가지로 관련 지식이 전무했던 터라 갈피를 잡기 어려웠다. 앞서 소개한 경험보다 2년 남짓 뒤라서였을까(서당 개 3년)? 이번엔 자료수집과 정리에만 그치지 않고 나름의 판단을 담았다. 건축 소재별 특성과 장단을 분류하고, 판단기준을 예산, 파급효과 정도로 세운 뒤 예산을 고려하면 A안 파급효과를 고려하면 B안이 바람직하다는 식으로 작성했다. 그 보고서는 기관장까지 보고되면서 일단락됐는데, 무리 없이 진행됐다.

소개한 사례만으로 판단하기 어렵지만 한 발짝 나아감 없이 깔끔하기만 한 보고서보다는 엉성하지만 고민한 흔적이 담긴 보고서가 실무적으로 더 유용했다. 완벽한 판단을 내려야만 한다는 부담감으로 애초에 고민의 흔적을 남기지 않아선 안 된다. 내(실무자) 선에서 할 수 있는 만큼 판단을 내려보는 게 필요하다. 나름의 기준을 세우고 판단하고자 한 고민의 흔적이 보고서에 담겨있어야 한다는 말이다. 얼토당토않은 판단은 어차피 과장급 선에서 피드백이 올 테니까.

깔끔하게 요약·정리된 보고서는 상사가 사안을 판단할 수 있는 양질의 자료가 될 수 있다. 시간은 줄여줄 수 있지만 판단의 몫을 여전히 상사에게 맡기게 된다. 내용 파악을 넘어선 보고서는 상사의 판단을 열어주는 창 역할을 하기 때문에 상사 입장에서 더 반길 수밖에 없다. 엉성한 판단이 결론적으로 반영되지 않아 자료 정리만 한 보고서와 당장의 결과는 같더라도 말이다. 첫 피드백 이후 고민의 흔적이 들어간 보고서는 엄연히 다른 길을 걷게 된다.

보고서 얘기에 무슨 랩이야?

랩의 근본은 라임(rhyme)이다. 국어로 '각운'으로 번역된다. 쉽게
말해 비슷한 발음으로 들리는 단어를 규칙적으로 배열해 만든 가

사다. 모음(ㅏ,ㅔ,ㅣ,ㅗ,ㅜ)이 동일하거나 비슷하면 랩 특유의 운율감이 느껴진다.

한국어 라임의 괴물이라 불리는 뮤지션 '화나(FANA)'의 REDSUN 가사 한마디.

"우리는 태어날 때부터, 구태의연함에 눈떠"를 예시로 들어보자.

쿵　　작　　쿵　　작

(우리는) 태어날 때부터, 구태의연함 에 눈떠

ㅐ ㅓ ㅏ　ㅐ ㅜ ㅓ　　ㅐ ㅢ ㅕ ㅏ　ㅔ ㅜ ㅓ

보통 4/4 박(쿵작쿵작) 기준으로 '작'에 해당하는 2, 4박에 라임을 배치해 운율감을 만든다. 그런데 이 가사의 경우에는 '쿵'에 해당하는 1, 3박에도 라임이 들어가 있다. 문장 전체를 동일한 모음 구조로 라임을 만든 것이다. (대단)

'작'에 해당하는 2, 4박 라임만 살펴보면, '때부터'와 '에 눈 떠'가 라임이 된다. 음절을 보면 'ㅐ(ㅔ)-ㅜ-ㅓ'로 동일한 모음으로 구성되어 있다.

라임이 자연스럽게 들어간 랩은 고개가 앞뒤로 절로 끄덕여지는 은율감이란 게 극대화되는데 이런 자연스러운 리듬감이 비단 시나 음악에만 있는 건 아니다. 보고서도 마찬가지다. 딱히 틀린 내용은 없는데 뭔가 잘 읽히지 않고 짜깁기 한 느낌을 준다면, 어구(語句)[6] 에 신경 써보자.

．．．．．．．．．．．．．．．

6〉　말의 마디나 구절(phrase)

상사의 고개가 앞뒤로 끄덕끄덕

어떻게 하면 자연스럽게 읽히면서, 글의 완성도도 갖출 수 있을까?

1. 대구(對句)에 신경 쓰자

대구법은 "콩 심은 데 콩 나고, 팥 심은 데 팥 난다."처럼 비슷하거나 동일한 문장 구조로 짝을 맞춰 늘어놓는 표현법이다[7]. 같은 범주로 묶이는 내용을 병렬할 때 좋다.

가령 취미, 액티비티 중개 플랫폼 출시 전 연령별로 홍보를 달리 하려 할 때,

- 10대는 SNS를 주로 사용하므로 온라인 이벤트를 실시
- 영어회화 등 취업에 도움이 되는 취미 레슨을 홍보
- 직장인은 경제적으로 여유가 되므로 더욱 폭넓은 액티비티를 홍보
- 부담 없이 즐길 수 있는 원데이 클래스로 40대 층을 공략

이런 식으로 작성하면 대략 무슨 이야기를 하려는지는 알겠으나 중구난방으로 쓰여 정리가 안 된다. 이 내용을 '연령', '하나의 예시', '어디에 도움되는지'로 어구를 맞춰 다음처럼 작성해본다.

....

7 〉 출처 : 네이버 사전

- 10대는 봉사활동 등 대학 진학에 도움이 되는 활동을 홍보
- 20대는 영어회화 등 취업에 도움이 되는 자격증 관련 레슨을 홍보
- 30대는 서핑, 골프 등 색다른 경험을 주는 동적인 액티비티 위주로 홍보
- 40대는 꽃꽂이 등 문화교류에 적합한 정적인 레슨 위주로 홍보

꼭지별로 추가해야 할 사항을 생략해야 할 수도 있지만 말하고 자 하는 핵심을 전달하는 데는 무리가 없다.

앞서 다뤘던 MECE와는 다르다. MECE는 분석을 위해 논리적 인 엄밀성을 갖추려는 목적으로 활용하는 글쓰기 접근법이다. 지 금 소개하는 대구법을 활용한 문장 구성은 눈에 잘 들어오고 명확 하게 읽히도록 하는데 더 큰 목적이 있다. 물론 이렇게 깔끔하게 작 성된 보고서는 논리적인 안정성도 뒤따라온다.

2. 글의 층, 겹(layer)

딱 맞는 표현이 없어 그나마 비슷한 뉘앙스를 주는 층, 겹이라 는 표현으로 소개한다. 같은 범주에 묶일 이야기를 할 때는 전제하 는 조건, 범위나 깊이가 큰 차이를 보여선 안 된다는 말이다. 같은 위치에서 논해져야 할 것과 아닌 것을 같은 범주에 넣으면 논리적 비약이나 왜곡을 가져올 수 있다.

취미, 레슨 중개 플랫폼 성장 가능성을 아래처럼 썼다고 하자.

• 구독 방식으로 비용 부담을 줄여 다양한 연령층을 고객으로 확보 가능
• 20~30대 중심으로 부는 취미 열풍으로 지속적으로 확대되는 시장 참여
• 유가 하락에 따른 경제 활성화로 소비 시장 확대

마지막은 틀린 말은 아니지만 지나치게 거시적으로 접근했다. 앞의 두 요인과 층위가 다른 이야기라 차라리 삭제하는 것이 글의 완성도를 높일 수 있다.

또 일상생활에서 발굴하는 생활편의 아이디어를 발굴하기 위한 순회 간담회를 개최하려고 하는데, 추진 배경을 '4차 산업혁명에 따른…'으로 시작한다든가 '국가 차원의 혁신 창출…'에 대한 이야기를 하는 것도 조심해야 한다. 거창한 수사보다는 내용과 어울리는 깊이의 배경 설명이 더 설득력 있는 셈이다. 마치 이제 막 힙합에 입문한 래퍼의 첫 곡에서 '나의 헤이터(hater)들에게 말해'라는 가사가 나온다면 갸우뚱거리는 것과 마찬가지 느낌일 테다.

짬에서 나오는 바이브

　몇 번의 순환보직으로 '그거 해 봤는데'를 자연스레 구사할 때쯤, 수달은 갑작스레 떨어진 기획 현안도 침착하게 대응(이라 쓰고 '가

갑자기 떨어지는 현안 보고서를 써야 할 때 가장 먼저 해야 할 것은 배경(의도) 파악이다. 시험만 출제 의도가 있는 게 아니다. 지시 업무와 관련해서 내가 모르는 역학관계가 있고, 어떤 이유로 업무가 돌고 돌아 내게 주어졌을 땐 더욱 그러하다. 업무 그 자체보다 업무 외적 동향 파악이 더 중요할 때가 많다.

동남풍이 불 것 같소

'아, 그래서 이렇게 된 거군' 정도의 동향 파악이 끝나면 관련 자료를 구하고, 필요하면 자문을 얻는다. 그 과정에서 잠정적 결론을 내린다. 업무 지시가 내려진 배경을 파악하는 과정에서 대강 어떤 결과를 기대하는지 윤곽이 드러나기 때문이다. '잠정적 결론을 내린다'가 중요하다. 답을 찾기 위해 쓰는 보고서에 답을 먼저 내려놓고 시작하라는 말이 일견 모순 같다. 하지만 실제 보고서를 쓸 때 어떤 방향성도 없이 작성해서는 안 된다. 직면한 문제에 대해 방향성을 설정하고 보고서를 메꿔 나가는 태도가 필요하다.

아직 자료가 충분하지 않거나 분석이 완료되지 않은 단계에서도 나름의 해답을 염두에 두며 보고서를 쓸 필요가 있다. 지시내용을 여러 번 곱씹으면서 가능성이 큰 가설을 세워야 한다. '뭘 원하는 거지'라는 의도를 파악하며 어느 정도 가능성이 큰 답을 미리 세워 놓고 시작하는 것이다. '이게 답일 것 같다' 정도의 느낌 말이다.

장점은?

의사결정이 빨라진다. 지나치게 많은 정보는 의사결정을 늦춘다. 가설사고 접근법은 정보의 홍수를 헤매지 않고 큰 줄기를 잡게 해 준다. 물론 오답의 가능성도 있다. 만약 가설이 처음부터 잘못됐다면 보고서를 작성하며 가설을 뒷받침해줄 자료를 찾는 과정에서 자연스럽게 근거를 찾지 못하거나 오류가 있음을 알 수 있게 되므로 최종본 작성까지 오류가 존재할 가능성이 매우 낮다. 잘못된 가설을 세웠어도 가설의 검증 과정 초기에 오류를 인지하고 다시 다른 가설을 세울 수 있다.

업무 배경(출제자 의도) 파악이 끝나면 가설을 세우고 보고서 작성을 시작하고, 설사 틀린 답일지라도 빨리 선회할 수 있다. 보고서를 많이 써본 사람이라면 이미 시작된 업무를 선회하는 기회비용이 낮다는 게 엄청난 장점임을 알 것이다. (뭔가 잘못됐지만 돌아갈 수 없을 때도 많다) 선택 가능한 가설 중 답이 아닌 하나를 알게 됐을 때 다른 선지로 빠른 선회가 가능하다는 건 오답의 가능성이 있음을 전제하고도 우월 전략이라 할 수 있는 것이다.

통해서

　　"수달이는 보고서에 '~을 통해'가 너무 많아. 많이 쓰지 않는 게 좋아."

첫 보직을 받고 군기 바짝 들어 쓴 보고서를 본 과장님 말이었다.

"'~을 통해'라는 워딩은 자신 없을 때나 쓰는 표현이니 안 쓰는 게 좋아."

과장님 말씀을 듣고 보니 보고서가 온통 '통해서' 투성이었다. '협의를 통하여', '추진을 통하여…'. 인지도 못할만큼 습관이 된 것. 그 뒤 '통해서'란 표현을 의식적으로 쓰지 않게 되었다. 시간이 흘러 모 국장님 글쓰기 강의를 듣게 됐는데 역시나 국장님도 '통해서'는 지양할 표현 중 하나라고 하셨다. 좀 더 구체적인 이유도 알게 됐다. '통해서'는 일본식 표현이며 설명해야 할 내용을 뭉뚱그리는 표현이기 때문에 '통해서' 앞뒤 관계를 명확하게 설명하는 다른 표현으로 바꾸는 게 낫다는 것.

C도서관은 작년부터 지역주민을 대상으로 보유 장서에 대한 e-book 서비스를 시작했다. 지역주민이라면 누구나 도서관 홈페이지에서 e-book 형태로 책을 대여할 수 있는데 실적이 매우 저조하다. 담당자는 e-book 서비스 접근성을 높일 방안을 마련하기 위해 고민하고 있다.
편의상 수단은 A 목적은 B라 하자.
서비스 접근성이 높아진 상태가 최종 목적(B)이다. 목적을 달성하기 위한 수단은 여러 가지를 고려할 수 있다.

1. 모바일 전용 애플리케이션을 제작

2. 홈페이지 최상단에 e-book 전용 게시판을 별도로 개설

3. 주민 대상 오프라인 홍보 실시

이 외에도 여러 가지 수단(A)들이 아이디어 회의에서 나왔고 최종적으로 오프라인 홍보를 실시하는 것으로 결정을 내린 담당자는 보고서에 그 내용을 다음과 같이 썼다.

'홍보(A)를 통해 서비스 접근성(B)을 확대'

보고서를 본 상사는 담당자에게 이렇게 물을 것이다.

"그래서 홍보를 어떻게(how) 한다는 거죠?"

'홍보(A)를 통해'라는 표현은 다양한 의미로 해석될 수 있기 때문이다. 홍보계획을 세운다는 의미인지? 이미 계획은 세워졌고, 계획 내용대로 홍보를 실시해야 한다는 것인지? 온라인 홍보인지? 오프라인 홍보인지? 불명확하다.

'홍보계획을 통해'라고 썼다고 해도 마찬가지다. 홍보계획을 세워야 한다는 것인지? 세워진 홍보계획을 잘 지켜나가야 한다는 것인지? '오프라인 홍보를 실시(A)해 서비스 접근성(B)을 확대'라고 정확하게 표현해 주는 게 낫다. 보고서는 전달하려는 내용이 명확하게 표현되어야 한다. 보고서 결론은 행동을 취하는 것으로 귀결되

기 때문이다. 제도 시행이든, 법령 제정이든, 행사 개최든 말이다.

'~을 통해'로 수단을 뭉뚱그릴 게 아니라 목적(서비스 접근성을 확대)을 달성할 수 있는 수단(오프라인 홍보 실시)을 명확하게 제시해야 한다.

많은 보고서에서 '~통해'란 단어는 무엇을 해야 할지 정해지지 않았을 때, '통해' 앞뒤의 관계를 정확하게 파악하고 있지 못할 때 쓰는 경우가 많다. 더 고민하고 정보를 파악해서 글을 쓰면 자연스레 줄어들 표현이다.

구두보고 시에도 마찬가지다. 'A부서 B씨를 통해서 알게 된 사실이다'는 얼핏 그렇구나 하고 넘어갈 수 있는데, 정확한 경위를 설명할 경우라면 '통해'가 의미하는 바를 좀 더 명확하게 설명할 필요가 있다. 내가 궁금해서 연락한 건지, 그쪽에서 먼저 연락이 온 건지…. 상황에 따라서 상사에게 중요한 정보일 수 있으므로 명확하게 설명해야 한다. '제가 A부서 B씨에게 연락을 해서 알게 된 사실이다'라고 경위에 대한 정확한 정보를 담는 습관을 들여야 한다.

관하여, 대하여

수달은 하루 동안 가장 많이 읽는 글이 보고서다 보니(보고서를 많이 본다기보다 다른 글을 거의 안 읽음) 일상생활에도 보고서에나 쓸 만한 표현을 많이 쓴다. 온라인 쇼핑몰 문의 글에 '사장님, 제품 배송과 관련해서 궁금한 게 있습니다.'라고 쓰는 식이다.

'~에 관하여', '~에 대하여'는 보고서에서 지양할 대표적 표현 중 하나다. 전달하고자 하는 바를 한 번에, 뚜렷이 드러내지 못하거나 불필요하게 문장이 길어지게 만들기 때문이다. 생각 없이 썼던 보고서를 다시 읽어보면 '관하여', '대하여'라는 표현이 많다. 아무 생각 없이 썼기 때문이다. 손은 뇌보다 빠르니까? 고민하기 전에 '관하여'를 써버려 더 적절하게 썼어야 할 단어를 지나친 경우가 많다.

되도록 쓰지 말아야 할 이유를 차근차근 살펴보고, 어떻게 바꿔 사용하면 좋을지도 정리해보려고 한다.

사전을 검색하면 그 뜻이 다음과 같다.

'관하여'
1. 말하거나 생각하는 대상으로 하다.

'대하여'
1. 마주 향하여 있다.
2. 어떤 태도로 상대하다.
3. 대상이나 상대로 삼다.

두 단어 모두 해당 단어 앞에 붙는 대상을 '받아주는' 역할을 한다. 받아준다는 표현은 추상적이니까 좀 더 쉽게 풀어써 보면 이런 식이다.

'A에 관하여 B, 바로 C'라는 표현을 뜯어보면,

최종적으로 전달하고자 하는 이야기는 C다. '관하여, 대하여'는 A가 자신이 전달하려는 목적 C의 주어나 목적어가 된다는 것을 알려주는 정도의 역할을 한다. 수영장 물 온도가 너무 낮다는 이야기를 전달하고 싶은데, '수영장에 관하여 할 말이 있습니다. 물 온도가 낮네요' 또는 '수영장 물 온도에 관하여 드릴 말이 있습니다. 너무 낮네요' 식으로 쓰는 식이다. '수영장 물 온도가 낮아요'라고 하면 되는데 말이다.

'관하여', '대하여'라는 표현 때문에 전달하고자 하는 이야기 C가 단박에 나오지 않게 된다.

'관하여', '대하여'는 '그 단어 앞에 붙은 단어가 앞으로 이야기될 겁니다.' 정도의 안내멘트 느낌이랄까. 숨을 고르는 느낌이랄까. 준비하라는 느낌이랄까. 핵심을 정확하고 빨리 전달해야 하는 보고서에 쓰기에는 적절하지 않다. 하지만 정말 많이 쓰고 있다는 것. (수달 역시 반성합니다.)

몇 가지 예를 더 들어보자.

'배송과 관련하여', '운영에 대하여', '회의에 관하여'라는 표현 뒤에는 전하고자 하는 내용이 이어질 것이다.

'배송과 관련하여 요청사항이 있습니다.'

'운영에 대하여 협조사항을 말씀드리겠습니다.'

'회의에 관하여 특이사항이 있습니다.' 정도가 될 것이다.

'관하여', '대하여'가 들어간 문장 뒤에 요청사항, 협조사항, 특이사항을 다시 한 번 전달해야 하는 문장 구조가 되는 것이다.

'배송과 관련하여 요청사항이 있습니다. 오배송된 거 같습니다.'
'운영에 대하여 협조사항을 말씀드리겠습니다. 홍보실은 보도를, 운영지원과는 회의실 대관을 부탁드립니다.'
'회의에 관하여 특이사항이 있습니다. OOO부는 실장님이 대참 한다고 합니다.'

글이나 말을 늘어지게 하는 '관하여', '대하여'를 쓰기보다는 핵심 내용을 빨리 던지는 표현을 쓰는 것이 좋다.

'OOO를 주문했는데 오배송되었습니다.'
'홍보실의 보도 협조와 운영지원과의 회의실 대관 협조를 부탁드립니다.'
'OOO부는 실장님이 회의 대참 합니다.'

실제로 많은 보고서에 '관하여', '대하여'가 쓰이면서 문장은 길어지고 딱딱해진다.

수달 자신도 '관하여', '대하여'라는 딱딱한 문체를 구사해야만 '보고서답다'라는 생각을 무의식중에 했을 것이다. 괜한 예의를 차리는 느낌으로 무의식중에 표현한 것일 수도 있다.

그러나 보고서는 태생이 글을 쓰는 사람을 위한 글이 아니라 글을 보는(to see) 사람을 위한 글이기 때문에 전하고자 할 말을 정확히 전달하는 것이 가장 중요하다. 글쓴이 의도를 두 번에 걸쳐 아는 것보다 한 번에 아는 게 더 효율적이고, 정확하다.

다만 여러 가지 전달할 이야기를 하나로 묶을 때 '관련'이라고 쓰는 표현은 적절하다. 'OOO 관련 참고자료'에는 'OOO 경과', 'OOO 주요내용', '향후 대응방향' 등 '관련' 앞에 쓴 단어로 묶이는 내용을 칭하기 좋기 때문이다.

추가로 '~로 인하여', '~함으로써', '~함에 있어' 등의 표현도 최대한 피하는 것이 좋다. 문장을 어렵게 만드는 표현이다.

하나의 문장에 하나의 메시지 담기

'A서비스는 이용 비용이 낮아 학생들에게 호응이 좋지만, B서비스는 이용 비용이 큰 대신 추가기능이 많아 직장인들에게 상대적으로 호응이 좋음'이라는 문장은 분리해서 두 문장으로 서술하는 것이 좋다.

- A서비스는 이용비용이 낮아 학생에게 인기
- B서비스는 이용비용은 높으나 추가기능이 많아 직장인에게 인기

예시처럼 한 문장으로 써도 대구를 이뤄 이해하기 쉬운 문장도 있겠지만 조금만 복잡한 내용이 되면 한 문장 안에 여러 메시지를 담을 때 글이 어렵게 느껴진다. 분리할 수 있는 한 하나하나의 문장

으로 메시지를 전달하면 글을 읽는 상대방이 이해하기 좋다.

볼드(Bold)는 적당히

대부분 보고서는 그 자체가 요약의 성격을 지니므로 특정 키워드나 내용을 강조하려는 의도로 볼드 처리를 너무 많이 하지 말자. 볼드 처리가 많은 보고서는 마치 요약해 놓은 글을 또 요약한다는 느낌을 주기 때문이다. 볼드체를 남용하면 글의 집중도가 분산되고 산만해진다. 1페이지에 1~2개 단어나 문구 정도의 볼드 처리가 적당하다.

볼드 처리를 안 해서 밋밋해 참을 수 없다면 볼드 처리된 단어만 읽어 내려가도 내용이 자연스럽게 연결되도록 한다는 느낌으로 볼드 처리한다. 가령 '1. 언제 2. 어디서 3. 누구와 4. 무엇을 5. 어떻게 6. 왜'라는 소목차가 있고, 해당하는 내용이 적시된 문장에서 볼드 처리해야 할 단어는 소목차 핵심 내용인 '~년 상반기 중, OO컨벤션 홀…'이라는 식이다. 예를 들어보자. 'FGI 등 심층 분석으로 인증절차를 5단계에서 3단계로 간소화'라는 문장이 있다. 어디에 볼드처리를 하는 게 나을까. 'FGI 등 심층분석으로'라는 절차보다는 '인증절차를 5단계에서 3단계로 간소화'라는 구체적인 개선방안 내용에 볼드처리하는 것이 낫다.

다양한 색깔은 금물, 줄 처리도 자제

보고서는 어쩔 수 없이 건조하고 딱딱할 수밖에 없다. 문장 군더더기를 최소화해 드러나야 할 단어만 부각시키는 개조식으로 작성되기 때문이다. 파란색, 빨간색, 밑줄까지 들어가면 보고서가 지저분해진다. 볼드 처리와 마찬가지로 집중도가 분산되고 산만해진다. 하고자 하는 말을 개조식으로 표현하는 과정에서 애초에 눈에 잘 띄는 표현과 키워드를 쓸 생각을 해야지 이미 써놓은 글을 눈에 띄게 하려고 추가로 색깔을 넣거나 줄을 긋는 건 좀 과장된 말로 '나 보고서 못 썼으니 여기를 보세요.'라는 식이다. 목차 정도에 파란 계열의 색을 넣어 경계를 분명히 해주는 정도가 적당하다.

당구장 표시와 박스 활용

보통 문장이 길어지거나 복잡해질 때 당구장 표시(※)로 문장을 분리시킨다. 구체적인 예시나 부연설명을 당구장 표시한 별도 문장에 담는 경우가 많다. 당구장 표시나 별표로 분리시킨 내용이 너무 많으면 마찬가지로 보고서가 산만해진다. 그럴 때는 박스를 활용하면 좋다. 현재 보고서 목적과는 거리가 있지만 참고하면 좋을 만한 정보들 혹은 독립된 내용으로 묶을 수 있는 내용을 박스 처리해서 활용하면 보고서를 입체적으로 만들고, 만들어진 박스는 하나의 모듈처럼 여러 보고서에 활용하기도 좋다. 다만 박스는 눈에 잘 띄기 때문에 보고할 때 물어볼 만한 것들을 미리 박스 안에 담아놓는다는 느낌으로 활용하면 좋다. 참고자료로 빼기엔 내용이 많지 않지만 상사가 궁금해할 구체적인 내용을 스냅숏 정도로 알려주고 싶을 때 활용하기에도 좋다.

두 단어씩 연결 지어 만드는 문장 자제

개조식이 주는 특유의 건조함과 애매모호함을 최소화하기 위해 명사가 아니라 동사 형태로 보고서를 써야 한다고 앞서 설명했다. 같은 맥락에서 지나치게 '명사 + 명사 + 명사'로 이어지는 문장을 쓰지 않는 게 좋다. 예컨대 목적어가 명확하지 못하면 의미가 왜곡될 수 있고, 생략된 조사를 생각하며 읽어야 되서 편안하게 읽히기 힘들기 때문이다. 예컨대 '주민 접근성 개선 관련 소통 채널 마련 추진'이라는 문장처럼 말이다. 명사만으로 이어지는 문장 구성은 툭툭 끊어지는 느낌을 준다.

제목만 보고 보고가 끝나도록

잘 쓴 보고서는 제목만 봐도 전반적인 내용을 짚을 수 있다. 예를 들어서, 작년 기관평가에서 최하위 성적을 받은 A부서는 올해 부족했던 부분을 보완해 기관평가 상위 20% 내 진입을 목표로 세웠다. 평가 항목 중 시책개발 분야에서 최하점을 기록하며 전체적으로 실망스러운 결과로 이어졌다고 하자. 시책개발을 독려하는 직원 지원정책을 마련하는 보고서를 써보자. 어떤 제목을 붙이는 게 좋을까? '~년 성과평가 개선방안'이라는 제목은 무난하지만 보고 '대상'만 제시되어 있을 뿐 '목적'과 '내용'이 드러나 있지 않다. '~년 성과평가 상위 20% 달성을 위한 개선방안'이라고 쓸 수도 있다. 나쁘지 않은 제목이지만 보고서의 목적은 목표를 달성하기 위한 방안들을 담고 있기 때문에 단순히 목표만 제시하는 걸로는 부족하다. '~년 성과평가 향상을 위한 시책개발 지원방안'이라고 보고의 내용과 목적이 드러나도록 제목을 붙이면 보고의 목적을 더 명료하게 전달할 수 있다.

보
고
서
작
성
이
후

보고의 서막

'보고(reporting)' 하나가 완료되기까지 어떤 과정을 거칠까? 벌써 수달 눈가가 촉촉해진다. 먼저 초안을 과장님께 보고한다. 흔들리는 눈빛과 함께 "수고했네, 수달이"라고 말씀하시면 수달은 펜을 쥐고 과장님 말씀을 받아 적을 준비를 한다. 어제도 이랬던 것 같은데자뷔.

이 보고서 뷰 맛집이네

상사의 피드백은 크게 두 가지로 나뉜다. 첫째가 큼직한 방향 수정, 둘째가 자세한 표현 수정이다. 이 둘은 구분되기보단 선후의 의미를 지닌다. 보통 방향 수정 후 표현 수정을 한다.

먼저 방향 수정이다. 실무자와 관리자는 사안을 바라보는 관점이 다르다. 관리자는 거시적 관점에서 접근하기 때문에 미시적 관점이 풍기는 자료의 잔가지를 치고 큰 줄기를 뽑아낸다. 가끔 방향 전체를 새로 틀어버리는 일도 있다. 지도에 비유하면 실무자는 자잘한 간선도로까지 표현하려 하고, 관리자는 목적지까지 이어진 굵직한 고속도로 표시가 더 중요하다고 생각한다.

실무자는 그 명칭처럼 해당 사안을 가장 자세하게 알고 있는 (있어야 하는) 사람이다. 그래서 의식하지 않으면 너무 자잘한 내용까지 자료에 담아버린다. 정확하게 쓰려다 보니 내용은 늘어나고 문장은 복잡해진다. 그래서 첫 보고 때 대세에 지장 없는 자잘한 내용은 대거 덜어내도록 피드백 받는 경우가 많다. 잔가지를 쳐내는 것. 특히 정책결정자에게 보고하거나, 대외적으로 홍보할 자료는 판단

을 흐리게 만드는 정확성보다는 간결함이 주는 명료성을 갖추는
게 더 낫다.

눈물 젖은 보도자료

경진대회 개최 보도자료를 예로 들어보자. 대회 정보를 활용하
려는 사람(대회 참석을 준비하는 사람)에게 가장 중요한 건 대회 주제와
대상, 일정 정도일 것이다.

그런데 담당자 입장에서는 이 대회가 어떤 계기로 개최되고, 기
존 성과는 어떠했고, 어떤 기관들이 협찬하고 있는지도 매우 중요
하다. 행사 계획 자료를 펼쳐놓고 참고하면서 보도자료를 쓰다 보
니 그런 내용들이 곳곳에 담긴다. 업무를 담당하며 동고동락해 온
내용을 차마 팽개칠 수 없는 것이다. 그런 자료를 참고하며 홍보자
료를 만들다 보니 외부자인 정보 활용자 입장에서 중요하지 않을
내용이 대거 담기고 글은 무거워진다. 분량은 늘어나고, 자세해야
할 부분과 간단히 짚고 넘어가야 할 내용 구분 없이 죄다 구체적으
로 기술되면서 읽는 사람은 피로감을 느낀다.

빨간펜 선생님

방향 수정이 끝나면 표현 수정이 들어간다. 작게는 오타, 비문

부터 크게는 뉘앙스까지 꼼꼼하게 검토된다. 빨간펜 선생님처럼 하나하나 수정해 주는 상사도 많다.

펜을 들고 수정해 주는 상사 모습을 관찰하는 재미도 있다. 김수달이 모셨던 분 중 'ㅇ'을 시계방향으로 쓰시는 분이 계셨는데 신기했다. (보통 반시계 방향으로 쓰지 않나?) 또 다른 분은 글씨를 정말 반듯하게 잘 쓰셔서 구경하는 재미가 있었다. 또 다른 분은 빼도 될 부분과 줄여도 되는 부분을 알려주시고, 추가해야 할 단어와 문장을 직접 수기로 적어주시기도 하셨다. 그대로 문서편집을 해보니 기가 막히게 분량이 맞아떨어졌다. 얼마나 보고서를 쓰고, 수정했는지 그 내공이 느껴졌다.

최악은 "이거 이상한데, 이 부분 이상한데"라며 보고서에 낙서만 하는 분이다(보통 동그라미 겹쳐 그리기). 뭐가 이상한지 구체적으로 지적받진 못하고 '이상하다'라는 피드백만 받고 자리로 돌아오면 기분이 '이상하다'. 어디서부터 뭘 손대야 할지 몰라 난감하다.

팩트가 중요

특히 법이나 제도와 관련된 자료는 더욱 꼼꼼한 검토가 이뤄진다. 의도하지 않은 의미로 해석될 표현을 최소화하고, 범위나 대상 등에 대해서는 아주 명확하게 써야 한다. 예컨대 정책 대상 범위를 '19세~34세'라는 식으로 써놓으면 안 된다. 19세가 만 나이인지, 34세 미만인지 이하인지 정확하게 알 수 없기 때문이다. '만 19세 이상~34세 미만'이란 표현으로 정확하게 서술되어야 한다. 특히 보도 자료는 주관적인 표현을 조심해야 한다. 보도자료 헤드라인에 '000 도입으로 주민 만족도 크게 향상' 같은 표현은 쓰지 않는 게 좋다. 언론에서 헤드라인을 이렇게 뽑으면 좋겠단 생각으로 보도자료 제목을 쓰는 경우인데 지양해야 한다. 언론사가 보도자료를 바탕으로 헤드라인을 뽑는 건 그들의 고유 권한이므로 주관적으로 정책 효능을 판단해서 표현하는 건 좋지 않다. '000 도입으로 주민만족도 전년 대비 70% 증가'로 고쳐 쓰는 게 좋다. 건조하게 팩트를 전달해야 한다. 사실과 주관적인 평가가 애매한 표현은 항상 잘 살펴보고 오해를 살 수 있는 단어는 정확하게 수정해야 한다.

끝날 때까진 끝난 게 아니다

맥락과 표현에 대한 수정(적어도 두세 번)이 오가고 나면 파일명은 '수정 3'과 같은 꼬리표가 붙어있다. 괄호로 '과장님 검토본'이라 쓰기도 한다. '최종'이란 단어를 파일명에 함부로 붙일 수 없다. 이제 이 자료를 가지고 국장-실장께 차례대로 보고한다. 대부분 국장 이상부터는 자잘한 표현이나 맥락을 지적하지 않는다. 담당자-과장 선에서 어느 정도 다듬어졌다고 믿어주기 때문. 물론 그렇지 않은 경우도 있다. 보고를 들어가면 가장 먼저 무엇무엇에 대한 보고라고 설명한 후 출력본을 읽을 시간 동안 잠시 대기하는데, 펜을 들고 읽는 분도 있다. 직접 표현을 수정하는 경우도 종종 있다. 국장이나 실장이 수정의견을 주면 다시 해당 내용을 수정해 과장에게 보고하고, (이 경우 과장님은 별말씀 안 하심) 국장 보고를 가야 한다.

이런 경우 외에 대개 간부부터는 정무적 판단, 피드백을 준다. 이 시점에 이런 보도자료를 내도 되는 건지부터, 해당 표현(법적, 실무적으로 아무 문제 없는 워딩)이 나갔을 때 파장은 없을 것인지 판단한다. 예전에 청년이 참여하는 일자리 사업 결과로 관련 분야 취업이 많이 된 적이 있었다. 보도자료에 해당 내용을 실었는데, 국장님이 오랫동안 고민했다. 취업률 그 자체는 부정할 수 없는 진실임에도 당시 취업불황이 이슈다 보니 실적을 적극적으로 홍보해도 되는지를 고민한 것. 시대적 상황과 보도자료의 갭이 너무 클 때 올 파급효과 때문이었으리라. 이 외에도 홍보 타이밍부터 시작해 해당 사업의 향후 방향 등 거시적인 피드백을 주는 경우도 많다. 가끔 작성된 내용을 더 크게 강조해도 된다는 식으로 격려도 해준다. 간부의 관점이 위아래 좌우로 굉장히 넓음을 느낄 수 있다.

귀소본능 자극하는 보고 대기시간

보고를 앞둔 수달은 항상 다시 한 번 자료를 찬찬히 살펴본다. 침착하게 읽고 나면 꼭 집에 가고 싶더라. 귀소본능 꾹 참고 과장님께 가본다. 힘들단 소릴 달고 살지만 사실 입직 후 지금까지 상사 복이 많은 수달이다. 일 잘한다 소문난 분들을 모실 기회가 많았다. 보고서 작성부터 업무 접근방식, 공직자로서 태도까지 다양하게 보고 듣고 배울 수 있었다. 정글 같은 조직에서 지금까지 그나마 잘 '생존'하는 데 그분들 가르침이 큰 힘이 됐다.

위아래 위위아래

김수달이 좋아했던 과장님이 물으셨다.

"수달이는 보고를 어떻게 하는 거라고 알고 있어?"

내가 말할 수 있는 정도의 답변은 정답이 아닐 것임을 직감한 수달은 고개를 살짝 좌우로 흔들며 "잘 모르겠습니다."라고 답했다. "많은 후배가 보고하는 법을 잘 모르는 것 같아."라고 운을 띄우신 뒤 과장님이 다음과 같이 말씀하셨다.

가장 윗사람에게 보고했다고 끝나는 게 아니다. 다시 아래로 차례대로 내려오면서 윗분의 피드백을 바로 아랫사람(수달에겐 상사)에게 알려줘야 비로소 끝난다는 것이다.

많은 조직이 직급으로 구분된 보고체계를 갖는다. 공공기관이 대표적이다. 보통 담당자-팀장-과장-국장-실장-차관(장관) 순으로 보고가 이뤄진다. 보고한다고 할 때 대부분은 담당자 자신을 기준으로 직급을 차례대로 높여가며 내용을 알리는 행위라 생각하기 쉽다. 과장님은 위로 올라가는 보고보다 '아래로 내려오는' 보고가 더 중요한 거라셨다.

너만 알지 말고 나도 알려 달란 말이야

가령 국장이나 실장 보고 후에는 과장에게 국장이나 실장이 어떤 이야기를 했는지 알려야 한다. 실장에게 보고했다면 국장과 과장에게 실장이 보고 내용에 대해 어떤 이야기를 했는지 알려야 한다.

왜 그런지는 사람 간 거리를 생각해 보면 알 수 있다. 국·과장과 실장 간 거리가 담당자와 실장 거리보다 훨씬 가깝기 때문이다. 업무적인 거리뿐만 아니라 물리적 거리도 가깝다(실·국·과장 간에는 티타임, 간부회의 등 의사소통할 계기가 많다). 실장 정도가 되면 실무자보다는 국·과장을 만나 업무 얘기를 나눌 기회가 많은 것이다. 만날 기회가 많을수록 실장은 과장이나 국장에게 업무에 대해 물어볼 가능성이 크다. 실장이 해당 사안을 어떻게 생각하는지 국장이 파악하고 있어야 적절하게 대응할 수 있다. 담당자가 업무 보고를 하며 실장에게 들은 이야기를 국장이 알고 있으면 맥락에 맞는 답을 잘 할수 있게 된다.

보고 = 알려주는 행위

'보고(報告)'의 사전적 정의를 알아보자. 보고란 '일에 관한 내용이나 결과를 말이나 글로 알림'을 의미한다. 보고 방향은 정해져 있지 않다. 위로든 아래로든 일의 내용과 결과를 알리는 행위를 의미한다. 그렇지만 직장인 대부분은 보고를 윗사람에게 하는 행위로만 알고 있다. 수달도 그랬다. 과장님께선 특히 아래로 향한 보고가 매우 중요하다는 걸 알려주고 싶으셨던 것 같다. 생각해 보니 내가 과장이라면 나보다 높은 사람이 사안을 어떻게 생각할지 궁금할 것도 같다. 담당자는 차례차례 이뤄지는 보고에 지칠 수도 있지만 그 과정에서 가장 많은 정보를 가진 사람이 된다. 과장은 담당자를 통해서만 실·국장 생각을 파악할 수 있을 테니 아무래도 아래로 내려오는 보고가 꽤 궁금할 법하다.

남은 건 끝없는 수정

산은 오르는 것보다 내려오는 게 더 힘들단 말이 있다. "과장님, 실장님께서 이러저러하다고 하셨습니다."만 전달하고 보고가 끝나면 좋겠지만 과장님이 첨언을 할 때가 많다. "아, 그러면 이 부분은 이걸 더 찾아보고, 이렇게 저렇게 요렇게 수정해보자."라고 좋은 의견을 준다. 위아래로 보고하며 털린 멘탈을 잘 추스르면서 심호흡과 함께 수정사항을 정리하는 김수달의 눈가는 오늘도 유난히 촉촉해진다.

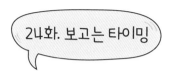

24화. 보고는 타이밍

우리 편이 공격하는 이상한 경기

보고(reporting)가 일상인 김수달, 아무리 꼼꼼히 준비해도 어렵다. 보고는 상사가 공격하고 담당자는 방어하는 일종의 경기다. 일반적인 경기와 다른 점이라면 둘 다 같은 팀이란 것이다. 방어에 성공하면 모두 승리하고, 방어에 실패하면 둘 다 패배한다. 방어자는 다음 방어전을 위해 야근해야 하고, 공격자는 '저거 제대로 되겠나?'라는 걱정이 늘어가니까. 잽 한두 방에 털려버린 방어자를 지켜보는 공격수 맘도 편치 않다.

사람의 일이라

인공지능이 세상을 지배하기 전까진 대면 업무에서 심리적 요소는 큰 변수다. 심술, 자존심, 열정, 의지, 나 때는 말이야, 배 째든가, 의심, 신뢰, 호소가 난무하는 티키타카의 종합 경기다. 같은 보고서를 누가 들고 가느냐에 따라서 무사통과되기도, 너덜너덜해질 정도로 얻어맞고 나올 수도 있으니 말이다.

심술 게이지

가장 먼저 심술 게이지를 체크해야 한다. 국장한테 깨지고 한껏 붉으락푸르락 한 과장에게 지난번 거하게 깨지고 수정한 보고서를 굳이 들고 가야 할 이유가 없다. 화난 사자의 코털을 왜 또 건드리나? 과장이 출근해 외투를 벗자마자 달려가지 말 것이며, 점심을 앞두거나 막 끝난 시간에도 보고를 참자. 보고를 기다리고 있다가도 앞 순서 보고자가 깨지는 소리가 들리면 살며시 대기석에서 일어나 내 자리로 돌아오는 센스도 필요하다.

가장 확실한 방법

소개팅에 나가며 슬리퍼를 신지 않는 건 '당신과의 만남을 위해 최선의 준비'했다는 첫인상을 주기 위해서다. 보고라고 다를 게 없다. 보고할 한 장의 문서와 함께 형형색색의 인덱스가 덕지덕지 붙은 보조자료 한 움큼 함께 들고 보고에 들어간다. "이건 왜 그런 거죠."라고 불신 가득한 질문이 떨어지면 "아, 그거요?"라는 여유로운 표정으로 적어도 10분 이상은 설명해야 할 참고 자료 수십장을 들이밀 거라는 신호를 강력하게 발송하는 것이다.

"응, 그래 참고자료는 놔두고 가…. 궁금하면 내가 찾아볼게."

우스개 소리로 풀어냈지만 핵심은 담당자가 일을 꼼꼼하고 적극적으로 챙긴다는 걸 상사에게 보여줘야 한다는 것이다. 담당자를 신뢰할 때만 나오는 "알아서 잘했겠지", "그래서 내가 뭘 하면 되는 거지?"라는 멘트를 들으려면 그에 걸맞은 퍼포먼스도 필요하다.

언제까지 보고해 달란 말 없을 때 언제 보고하면 좋을까?

"언제까지 할까요?"라고 물으면 되는데 그러질 못했거나 "일단 작성", " 되는대로" 등으로 애매한 답이 돌아올 때는 어떻게 해야 할까?

수달 경험에 빗대 보면 기한 정한 바 없는 보고서 작성 지시는 두 가지 경우로 나뉜다.

첫째, 급하지도 중요하지도 않지만 필요는 하므로(더 정확히는 필요할 것 같아서) 담당자에게 지시해 놓을 때다. 상사 본인도 까먹을까 봐 일단 담당자에게 말해놓는 경우가 많다. 말 그대로 까먹어도 (당장은) 무방한 사안이란 것. 급하지도 중요하지도 않은 사안은 애매하다. 순진하게 만사 제쳐놓고 작성해 가져가면 할 일 없단 신호만 주는 꼴이 되거나 본인이 지시했다는 걸 까먹고 '이게 뭐냐?'는 눈으로 멀뚱멀뚱 당신을 쳐다보는 상사와 마주할 수도 있기 때문이다.

둘째, 기한 둘 여유도 없이 급한 경우다. 시급한 사안은 사무실 공기부터 다르다. 언제까지 해야 할지 긴가민가할 가능성이 적다. 상사의 최우선 관심사라서 타이밍이랄 것도 없다. 빠르면 빠를수록 좋다. 이 말인즉슨 만약 내가 보고서 작성을 지시 받은 당사자가 아니면 그날은 최대한 보고를 피하는 것도 센스다. 다른 보고 받을 여유도 의지도 없을 테니. 완성도를 높인답시고 오래 들고 있으면 안 된다. 타이밍이 완성도보다 우월한 상황이다.

"곧 마무리해서 보고 드리겠습니다!"

준비하자니 다른 할 일도 많고, 안 하자니 찝찝한 지시를 처리하는 요령의 핵심은 "네, 작성 중인데요. 곧 보고 드리겠습니다."를 말할 수 있도록 해 놓는 것. '곧'이라는 건 2~3일 내 보고를 드릴 수 있다는 암묵적 표현이다. '곧'이라고 말할 수 있는 팁을 정리한다.

1. 제삼자 협조가 필요한가

보고서가 제삼자 협조나 검토가 필요한 부분인지 파악한다. 만약 타 부서, 외부인의 도움이 필요할 때는 지체 없이 해당 지시사항을 공유하고 협조를 요청해 놔야 한다. (책임과 부담의 아웃소싱, 또는 헤징) 그렇지 않으면 갑자기 "그거 준비됐나?"라는 물음에 "네, 곧 보고 드리겠습니다."라고 할 수 없다. 제삼자 협조가 불필요하고, 내가 가진 자료나 업무 선에서 마무리할 수 있다면? 운이 좋군요. 야근 만 하면 됩니다.

2. 지시사항 텍스트화

구두로 떨어지는 지시사항은 말하는 사람과 듣는 사람이 각각 다른 뜻으로 받아들일 때가 많다. 지시를 듣고 즉시 자료를 만들지 않고, 지시와 작성 간에 텀이 길어질수록 보고서는 산으로 갈 때가 많다. 수달은 상사의 지시사항을 상사가 한 말 그대로 텍스트로 정리해 놓는다. 윤문 하지 않고 있는 그대로 정리해 놓는 게 좋다. 들은 표현을 잘 정리해 놓는답시고 다듬는 행위를 하지 않는 것. 가령 "a자료를 b자료 뒤에다 붙여놔!"라고 했을 때 'a자료를 b자료에', '붙임', '첨부', '추가' 등 다양한 표현으로 윤문할 수 있는데 각각의 뉘앙스가 분명 다르다. 가급적 지시할 때 표현과 순서(순서는 보고서 작성의 논리에 크게 활용된다)까지 고치지 않고 그대로 속기한다는 느낌으로 옮겨놓는 게 중요하다. 그래야 시간이 지나도 당시 상사가 원하는 바가 무엇인지 정확하게 파악할 수 있다.

3. 관련 자료를 한 폴더에 집합시키기(짜깁기용)

지시받을 때 '아, A자료에서 그 부분 가져오고, B자료에서 그거 쓴 다음 채워 넣으면 되겠다'라는 생각이 곧장 들 때가 있다. 관련 자료라 쓰고, 짜깁기용이라 읽는 그 자료를 한 폴더에 담아 놓는다. 보고서를 바로 작성하지 않아도 상사의 지시사항을 적어놓은 글과 관련 자료가 한 폴더에 담겨 있으면 시작이 수월하다.

4. 금요일 오후는 되도록 피할 것

작성을 완료하고 보고할 타이밍을 잡는 것도 요령이 필요하다. 금요일 오후에 보고를 받은 상사는 피드백을 주면서도 걱정된다. 주말 내내 엉망인 보고서가 신경 쓰일 테니 말이다. 금요일보다는 수요일, 목요일 정도에 보고하면 좋다. 목요일 오후, 금요일 동안 수정을 할 수 있고, 상사는 목요일, 금요일 동안 담당자가 피드백 받은 보고서를 작성하고 있겠거니 하며 안심할 수 있다. 목요일, 금요일은 좀 더 여유롭게 보내고 월요일 추가 보고를 하면 된다. 그때 다시 받은 피드백은 월요일, 화요일 동안 반영해 수요일, 목요일에 수정보고를 하는 식의 리듬이 좋다.

5. 완벽주의는 No, No

보고서 써본 사람은 공감하는 것 중 하나. 혼까지 갈아 넣은 것만 같은 그 보고서가 보고가 끝나고 나면 존재감이 온데간데 없어진다는 것이다. 보고서는 예술작품이 아니다. 물론 중요한 보고서는 정책이나 사업의 씨앗이 되어 끝까지 영향력을 발휘한다. 보고서에 들어간 한 줄이 화두가 되어 패러다임을 형성하는 경우도 많다. 그런 보고서를 매일 쓰는 건 아니니 논외로 하고. 너무 완벽하게 작성해 보고하려고 하면 적시성을 잃을 수 있다. 사실 완벽성이란 것도 기준이 작성자에 있어서 다분히 주관적이라 과한 몰입을 하지 않는 것도 요령이다.

글쓰기에서 가장 중요한 요소는 단연 '목적'이다. 어떤 목적이냐에 따라 내용도, 톤도, 편집도 달라지기 때문. 그런데 그렇게 쓴 글을 누군가에게 '보고(reportng)'해야 한다는 실무적 설정(이라 쓰고 '숙명'이라 읽음)을 추가하면 하나 더 신경 써야 할 게 있다. 보고서는 그

다지 나쁘지 않게 썼는데 보고만 하면 말이 꼬이고 논리가 막힐 때가 많은 사람이라면 더더욱.

'주어'다.

대개 보고서는 주어를 생략한다. 그러다보니 이곳저곳 자료를 참고하여 자료를 만들거나 상사 피드백을 받아 수정하는 과정에서 내용별로 다른 주어로 쓰여야 할 내용이 뒤섞이거나, 주어 자체가 모호해지는 경우가 많다.

'A위원회 구성 관련 위원 추천서 발송'

이 한 줄의 글만 보면 '우리'가 추천서를 발송하겠다는 의미로 받아들여진다. 하지만 B부서로부터 위원 후보를 추천해달라는 요청받은 사안이라면,

'A위원회 구성 관련 위원 추천서 접수'라고 쓰는 게 더 정확하다.

보고를 하는 자와 보고를 받는 자 간에 맥락(context)을 공유하고 있기 때문에 예시처럼 정반대 오해를 살 일은 드물겠지만, "그러니까 이거 우리가 요청을 받았다는 거지?"라는 상사의 확인에 흠칫하지 않도록 주어를 명확하게 염두에 두며 보고서를 작성하는 것이 좋다.

당황스러운 피드백 '그래서 어쩌라는 거야?'

내용별로 주어를 정확하게 인지하지 못한 채 보고서를 쓰다보면 "그래서 나는 뭘 하라는 거야"라는 피드백을 들을 때가 있다. 주어가 명확치 않은 채 '했다', '해야 한다'는 내용만 들어가 있기 때문이다. '내가 뭘 해야 하고, 넌 뭘 해야 하고, 우리는 뭘 해야 하는지'가 명확해야 상사는 (일단) 안심한다. 목적에 따라 주어를 명확하게 설정하고 그에 맞는 표현으로 보고서를 써야, 다른 주어에 해당하는 내용을 정확하게 구분지어 설명할 수 있다.

보고서 작성을 시작할 때부터 주어를 생각하자. 기관의 입장인지, 아니면 보고서를 쓰는 당사자의 입장인지 분명하게 설정하고 보고서를 쓰면 논리가 일관적인 보고서를 쓸 수 있다.

같은 내용도 주어가 다를 때는 다른 톤과 뉘앙스로 표현해야 한다. 작성자 본인의 입장에서 쓸 때도 있지만 다른 사람 또는 기관의 입장에서 써야 할 때가 있다. 말씀자료(말씀 참고자료 포함)가 대표적이다. 내가 쓰지만 다른 사람이 그 자료로 발표하거나 토론에 참고하거나 할 때는 담당자가 아니라 활용자를 주어로 작성해야 한다. 자신이 담당하는 업무에 대한 기관 입장을 표명하거나 대외적으로 홍보하는 경우에도 담당자의 입장을 넘어서 작성해야 그에 맞는 톤과 뉘앙스를 담을 수 있다. 같은 내용도 담당자 입장과 기관의 입장에 따라 전혀 다른 워딩과 논리로 전개될 필요가 있기 때문이다.

기관 입장의 글을 쓸 때는 지나치게 구체적인 논리나 내용에 힘주기보다 큰 맥락의 짚어주는 접근이 좋다. 특히 대외적으로 작성하는 보도자료는 세세한 과정보다는 굵직한 결과를 강조하는 것이 좋다. 많은 담당자가 간과하는 부분 중 하나다. 주어를 담당자 자신에게 둘수록 결과보다는 과정을 강조하게 되는데, 보도자료처럼 홍보가 중요한 글은 해당 사업이 어떻게 만들어졌는가 하는 과정보다는 앞으로 어떤 효과를 가져올 수 있을지를 다양한 예시나 사례를 들어서 설명하는 것이 더 효과적이다.

마음을 움직이는
보고서 작성법

직장이란 정글에서 살아남는 법

직장에서 '신뢰'란

'관계'에서 오기보다는

서로가 가진 정보의 대칭성에서 온다

많으면 많은대로 적으면 적은대로

정보   정보

'균형'이 중요

회사라는 공간에서 이뤄지는 업무 중 '나 혼자 한다'라 할 만한 건 99% 없다고 봐도 무방하다(나 혼자 했다는 뉘앙스로 이야기하는 사람이 있다면 그 너머 의도가 있을 수 있음을 자주 경험함). 조직 구성원과 협조는 선택이 아닌 필수. 직장 스트레스 1순위가 인간관계에서 비롯된다는 설문조사 결과도 있다. 업무협조에서 생기는 마찰을 직장생활 '신뢰 (credibility)'의 관점에서 다뤄보려 한다.

뜬금없이 경제학

경제학에서는 이상적인 시장 균형을 설명할 때 완전경쟁시장이라는 가정을 한다. 얼마나 이상적이면 '완전'이라는 수식어를 붙였을까. '완전'의 사전적 의미는 '필요한 것이 모두 갖추어져 모자람이나 흠이 없음'이다. 이 이상적인 시장 형태를 가져올 수 있는 핵심 전제는 모든 경제주체가 거래와 관련된 '완전한 정보'를 가지고 있다는 것이다. 상품의 질(quality)이나 지불의사(willing to pay) 등 거래와 관련된 정보를 거래 주체 간에 동일하게 보유하고, 또 그런 사실을 서로가 알고 있는 상태에서 '신뢰'가 형성될 수 있다는 뜻이다. 바꿔 말하면 시장이 '불완전'하다는 건 거래 주체 간 보유한 정보의 양이나 질이 서로 다를 때를 말한다. 정보가 비대칭일수록 효율적인 거래를 가져올 수 있는 '신뢰'가 부족해진다. 정보가 비대칭이면 누군가 차익을 보거나 거래량이 줄어들거나 경제 전체적으로 효율적이지 않게 된다.

일도 마찬가지다. 내가 가진 정보가 더 많을수록, 그리고 상대가 자신이 더 적은 정보를 가지고 있다고 생각할수록 협조가 힘들다. 무슨 꿍꿍이를 가지고 있는 건지 이 협조사항이 내게 어떤 유불리를 가져올지 따져보는 에너지 소모가 생각보다 크다. 특히 상대방이 협조한 업무 그 자체보다 업무가 어떻게 시작해 어떤 과정으로 진행되고 있는지를 더 궁금해한다면 상대는 자신이 더 적은 정보를 가지고 있다고 생각할 가능성이 높다. 정보 비대칭은 결국 불신으로 이어질 수 있다.

자신의 업무 관련 협조자에게 협조공문이나 메일을 보낼 때는 업무 자체보다 협조를 구하는 계기를 부담스럽지 않은 양과 톤으로 강조하는 것이 좋다. 업무 내용보다 협조를 구하게 된 계기를 자세히 (친절히) 알려주는 메일이 상대방 협조를 끌어내기에 더 효과적이다.

대개 협조를 구하는 담당자나 부서가 주도권을 쥘 수밖에 없으므로 협조에 대한 반대급부를 명확하게 알려줘야 한다. 협조에 따른 반대급부는 업무를 시작할 때부터 잘 설계해야 한다. '왜' 협조해야 하는지가 명확해야 하며, 협조로 얻어갈 사항도 두루뭉술해선 안 된다. 협조해야 할 시간, 양, 정도(input)도 정확하게 알려줘야 한다. 두루뭉술하게 '일단 제출해봐라, 선택은 우리가 하겠다' 식의 협조공문이나 메일은 보내지 않는 게 좋다. 협조자료를 어떻게 활용하고, 어떤 일정으로 진행할 것인지를 최대한 구체적으로 알려줘야 다음 협조를 구하기 원활하다.

직장이란 게임, 플레이어는 누구?

테트리스 게임을 가끔 하는 수달, 길쭉한 블록을 홀드(hold)시켜 놨다가 여러 줄을 한방에 지우는 재미가 쏠쏠하다. 그러다 문득 수달도 게임 같은 세상, 누군가에게 옮겨지고 채워지는 아케이드 블록은 아닐까 하는 생각을 했다. 인생은 게임 같다고들 하는데 직장 속 수달은 플레이어일까, 플레이어가 조종하는 캐릭터일까?

원래 없던 것처럼 끝나는 행사

직장 생활에서 이뤄지는 이벤트의 9할은 사전 준비다. 행사를 예로 들어보면 모든 장비 설치, 참여자 섭외, 동선 확보, 리허설, 자료 보고가 행사 전에 이미 다 끝난다. 정작 당일엔 리허설 정도가 할 일의 대부분이며 막상 행사가 시작되면 담당자가 할 수 있는 건 없다. 열심히 준비한 대부분의 행사는 특별한 이슈 없이 자연스럽게 진행된다. 그러다보니 행사가 끝나면 허탈한 기분마저 든다. 무엇을 위한 준비였는지 무엇을 위한 수십 번의 자료수정이었는지 떠올려 볼 여지도 없이 아무 일도 없었던 것처럼 지나가고 나면 나 자신도 흩어지는 느낌이다.

마치 차곡차곡 쌓은 블록이 길쭉한 블록 하나에 모조리 사라지는 테트리스 게임 같다. 대단한 일인 양 준비한 행사가 순식간에 지나가면 수달 자신은 없어지고 만 것 같은 기분이 드는 것. '갈아 넣는다'라는 원색적인 표현까지 써가며 행사나 회의를 준비해온 담당자 입장에서는 "수고했어."라는 상사의 말로, 이 시원섭섭한 마음이 온전히 가시지 않는다.

말을 해야 알지

그래서 사람들은 티를 낸다. 고생한 티, 노력한 티, 힘들단 티를 말이다. 일이 끝나면 남는 건 없단 걸 알기 때문이다. 끊임없이 어필해야 자신을 블록으로 쓴 사람이 조금이나마 기억할 수 있음을 아는 것이다. 지나가 버린 회의와 행사는 본인조차 일일이 기억하지 못하기에 그 순간 강렬한 인상을 남겨야 한다고 생각한다. "그때 힘들었어요."라고 한참 지나 얘기해본들 "그랬어? 몰랐네. 얘기하지 그랬어."란 말만 돌아올 뿐이다.

'알아봐 주겠지'는 없다

수달은 의기소침한 성격이기도 하거니와 목소리 내는 데 익숙하지 않은 세대다. 남의 시선을 신경 쓰다보니 모르는 게 있어도 질문하지 않는 학창 시절을 보낸 수달이다. 이 세대의 특징이라면 질문을 할 때도 진짜 모르는 걸 질문하는 것이 아니라 알고 있는 걸 확인하는 식이다. 정글 같은 세상 속에서 자기 PR이 쉽지 않다. 있는 그대로 내가 한 일을 홍보하기도 쉽지 않다. 모든 일은 여러 명 또는 여러 부서가 협업할 수밖에 없기에 자칫 숟가락 얹기로 보여지는 행동에 대한 자기검열 때문에 목소리 내는 걸 조심한다. 이벤트는 셀 수 없이 많고, 지나가 버린 이벤트가 남기는 건 현장 사진 한두 장뿐이다.

집요하게 잽을 날리자

영리한 사람들은 일을 시작할 때부터 티를 낸다. 인사와 관련된 게 대부분. 수달은 그러지 못했고, 그러지 못한 자신을 대견하게 여기지도 못한 소심한 수달이었다. 자기 옷에 안 맞는 옷을 입고 어색하게 행동하기보단 꼼꼼히 상사에게 보고하는 잽을 날리는 것으로 존재감을 각인시키기로 했다.

"이번 회의 자료 준비는 무리 없이 잘 진행되고 있습니다. 해당 부처(부서)에서 자료 제출에 난감을 표하긴 했습니다만 OOO 수준에서 내용을 조율하였고, 관련자료는 받기로 했습니다."

'어떻게 해야 할지 모르겠으니 상사인 니가 해봐'라는 식의 보고는 피해야 한다. 두괄식으로 일이 잘되고 있다고 안심시키는 게 가장 우선. 그 뒤에 이슈가 있었음을 말하고 담당자 선에서 잘 처리했다는 경과보고까지 하는 것이 베스트다. 이슈만 덜컥 드러내면 상사는 '나보고 어쩌라는 거?'라는 식으로 불안감을 가질 수 있기 때문에 담당자 선에서 최대한 이슈를 해결하고 나서 이런 이슈가 있었지만 해결이 되었다는 식의 보고를 한다. 이 일이 숨 쉬는 것처럼 자연스럽게 흘러가는 게 아니라 우여곡절이 많은데 내가 잘 해결하고 있다는 걸 상사에게 각인시키는 것이다.

당당하게 걷자

언젠가 수달도 어떤 선배들처럼 별거 아닌 행사로 이곳저곳에 티를 내야만 할 상황이 생길까? 왜지 모르게 당당하지 않아 보이던 선배들의 걸음걸이를 수달도 닮아갈까? 아직은 고개를 가로젓는다. 정글 같은 직장 속에서 현명한 생존을 꿈꿔본다.

두 분이 원만히 합의 하심이….

　업무 하나가 완료되기까지 촘촘한 보고 과정이 있음은 앞에서 설명했다. 담당자-팀장-과장-실·국장으로 이뤄진 직위 체계에서

'실무라인'으로 묶이는 직위는 담당자, 팀장 정도다. 과장부터는 실질적 결정권을 가진 '관리 라인'으로 볼 수 있다. 그러므로 결재를 올릴 때도 팀장이 검토, 과장이 결재하는 구조가 일반적이다. 보통 담당자가 팀장 검토를 받아 과장에게 보고한다.

짬이 꽉 찬 팀장은 과장과 경력 차이가 크게 나지 않는다. 그래서 베테랑 팀장은 담당자가 파악 못하는 부분을 짚어주는 식으로 과장의 역할 일부를 수행한다. 그런데 팀장이 원하는 방향과 과장이 원하는 방향이 다른 경우가 왕왕 있다. 글로만 적었을 뿐인데도 벌써 미묘한 긴장감이 감돌지 않는가. 대부분은 결정권자인 과장이 원하는 방향으로 결정되지만 그 과정에서 수달 같은 담당자는 눈치 아닌 눈치를 보게 된다.

"이 안 말고 OO안으로 다시 한번 검토해 보세요"라는 과장 피드백을 팀장에게 보고하는 순간 시작되는 최악의 상황은 쓸데없는 (수달의 짧은 생각일 뿐입니다…) 것으로 딴지 걸며 팀장이 몽니를 부릴 때다. 옳고 그름이 아니라 선택의 문제라면 더더욱 그러하다. 시비가 붙은 술자리에서 가장 불쌍한 사람은 테이블을 치워야 할 아르바이트생이다. 이러지도 저러지도 못하는 수달 맘도 모르고 팀장은 짜증이 한가득이다. 수달은 입으로는 "제가 다시 한번 보겠습니다" 눈으로는 '직접 가서 얘기해'라 말하고 자리에 앉는다.

면접 단골 딜레마 질문

이런 상황이 변질되면 과장은 팀장을 거치지 않고 담당자와 직접 업무를 처리하려고 한다. 면접 단골 질문이다. 모범답안은 "과장의 지시를 받아 처리하되 그 내용을 팀장에게 보고한다"이다. 이런 상황에서 최고 관리자 지시가 가장 우선순위가 높지만 그 경과는 반드시 팀장에게 보고해서 파악을 할 수 있도록 해야 한다.

중간에 낀 담당자가 어떤 눈치를 보는지, 최고 상사 지시를 따르는 게 옳음을 팀장도 안다. 그런데 담당자가 옳거니 잘됐다는 식으로 팀장을 우회하면 둘 간의 미묘한 감정싸움에 휘말리는 꼴이 된다. 결국 당신과 직장생활을 더 오래 하는 사람은 과장이 아니라 팀장이다.

사람이 하는 일

결국 규정에 어긋나거나 OX처럼 명확하게 구분되는 일이 아니라면 업무와 별개로 두 '사람'을 대하는 요령이 필요하다. 고래 싸움에 낀 새우지만 보고서는 담당자가 쓴다는 걸 기억하자. 과장은 과장대로 팀장은 팀장대로 각자가 중요하다고 생각하는 포인트를 최대한 살리는 운영의 묘가 필요하다(모든 직장인들이여… 파이팅!). '과장님이 아니랍니다'라면서 팀장 검토본을 두부 썰 듯 덜어내는 식의 태도보다는 팀장이 중요하게 생각하는 논리나 용어, 편집을 최대한 살리는 게 좋다. 빽빽한 글 속에서 내가 쓴 문구나 논리는 신기하게도 눈에 잘 띄기 때문에 담당자의 가상한 노력을 팀장은 알아볼 것이다. (모든 직장인이여…)

관행으로 내린 라떼

"라떼는 말이야."

그 라떼에 들어가는 원두는 관행이 아닐까. '관행'의 사전적 의미는 '오래전부터 해 오던 대로 함'이다. 대개 부정적인 뉘앙스로 사용한다. 관행이 처음부터 부정적이었을까. 딱히 그렇지 않다. 시기와 상황에 따라 통용되던 사례가 축적되면서 하나의 관행이 됐을 것이기 때문이다. 수용되지 못한 업무 방식은 애초에 도태되기 마련이다.

문제는 관행이 통용되던 맥락(context)이 바뀌었음에도 관행만 고수할 때다. 이제 막 조직 생활을 시작한 새내기들이 그들의 시대와 맥락에 맞는 관행을 만들어가려 하는데, 선배는 그게 불편하다. '라떼'에 기겁하는 이유에는 서로 이해하지 못하는 맥락의 간극이 있다.

어떻게…. 맥락이 바뀔 수 있니

연공 서열을 예로 들어보자. 선임 순으로 인사 대우를 해준다는 관행은 경험이 많을수록 더 어렵고 많은 일을 맡는다는 게 전제되어 있다. 또 그 어려운 일이라는 것도 지금보다 단순한 업무체계에서 누가 봐도 수긍할 만큼 명확했을 것이다.

지금은 그렇지 않다. 인사 업무를 예로 들어보자. 10년 전 겸직 제한 관련 담당자와 오늘 겸직 제한 관련 담당자가 검토해야 할 겸직 종류는 질적으로나 양적으로 다르다. 애매모호한 영역도 생겨나고 있다. 예산 업무는 더하다. 부서별 편성 요구예산이 복잡해진다. '환경 자원을 활용한 문화관광 프로그램 개발'은 환경국 소관일까? 문화국 소관일까? 판단의 기준을 세우기 어렵다. 홍보 업무도 예외가 아니다. 신문사, TV에 덧붙여 인터넷, SNS까지 관리해야 할 홍보 매체가 늘고 있다. 과거 업무를 선형에 비유하자면 오늘의 업무는 행렬(matrix) 같다. 맥락은 촘촘한 그물망처럼 복잡해졌다.

그 라떼 유통기한 지난 거 아니에요?

"라떼는 말이야!"를 외치는 바리스타에게 "거 유통기한 지난 거 아니오?"라고 말할 용기는 어디서 와야 하는가. 꼰대스럽게도 가장 좋은 방법은 원칙에서 찾아야 한다. 원칙을 우회하는 관행이 판치는 난장판을 뚫어내는 건 규정이다. 논리로 관행을 이기기 어렵다. 관행으로 굳혀질 만큼 단련된 논리가 똬리를 틀고 있기 때문이다.

나쁜 관행에 공범이 되지 말자구

"법령에는 그렇지 않은데요?", "제 생각이 아니라 조례에 나와 있습니다", "말씀대로 번거로울 순 있을 텐데 제가 경험이 없다 보니 규정대로 집행하려 합니다"만큼 든든한 멘트가 없다. 물론 규정이 비합리적일 수 있다. 비합리적인 규칙은 적합한 절차를 거쳐 고치면 된다. 규칙을 정비할 시간적 여유가 없다고 하더라도 비합리적인 규칙을 준수하는 나쁜 관행보다 우월하다는 점을 명심하자.

간사하시네요

직장생활 시작하며 처음 접한 표현과 단어가 많다. 그중 '간사'
라는 단어와 관련된 이야기다. 자기 이익을 위해 나쁜 꾀를 부리는 등 바르지 않은 마음이라는 뜻을 가진 간사가 아니다. '단체나 기관의 사무를 담당하여 주도적으로 사무를 맡아 처리하는 사람'이라는 사전적 의미를 지닌 '간사'다. 보통 위원회나 협의체처럼 다양한 사람, 기관이 함께 어떤 안건을 논의하고 결정하는 조직에서 많이 쓰인다. 회의를 준비하고, 안건을 준비하고, 회의 결과를 정리하는 일을 한다고 보면 된다. 좀 더 쉽게 비유하자면 호숫가에 우아하게 노니는 백조의 '다리' 정도 되겠다.

갑이 될 수도, 을이 될 수도 있는 간사

여러 사람이 하나의 목표를 향해 노력하는 의미 있는 과정. 그러나 여러 사람이 모인다는 것만으로 좋은 논의가 나오는 건 아니다. 누군가 한 명은 배가 산으로 가지 않도록 부단히 조타수(操舵手) 역할도 하고, 노도 저어야 한다. 우리가 마주하는 대부분의 그럴싸한 결과물은 간사 역할을 한 담당자의 피땀 눈물 + 야근의 산물이라 봐도 무방하다.

간사가 갑이 될 순 없을까? 간사의 사전적 의미에 나오는 '주도적'이라는 단어에서 방법을 찾아보려 한다. 일을 마무리할 책임이 간사에게 있다면 어떻게 마무리할지에 대한 권한도 있기 때문이다. 그냥 주어진 일을 묵묵히 할 게 아니라 일이 주어지는 시작 단계에서부터 '어떻게 마무리하지'를 결정할 수 있는 권한이 있는 것이다.

자, 이제 시작이다.

지나치게 갑질하진 말자

베테랑 실무자들은 초장부터 기선을 제압한다. 편집 서식을 통일하고, 참여자의 도덕적 해이가 발생하지 않도록 업무 할당을 명확하게 한다. 단순히 '너는 공격하고, 너는 수비해'가 아니라 '넌 1번 타자, 넌 1루수 수비'라고 명확하게 할당하는 것이다. 그래야 주어진 업무에 맞는 구체적인 전략이 나올 수 있다.

협업 활성화에 대해 A, B, C 부서가 참여하는 TF 총괄 작업을 하는 실무자를 가정해본다. 초짜는 협업 활성화 방안에 대해서 아이디어를 내라고 세 부서에 던질 것이다. 애매모호한 목표만 덜렁 던지면 천차만별의 자료가 온다. 간사가 원하는 자료를 받을 때까지 실랑이도 각오해야 한다.

베테랑은 해당 부서가 낼 수 있고, 내야만 하는 자료를 요령껏 요청한다. A, B, C 세 부서의 특성을 고려해 협업의 콘셉트를 미리 짜서 던진다. 가령 A부서가 홍보부서라면 '기획보도 활성화를 위한 주요 부서 정기 협업회의 개최 또는 협업안'에 대해 제출해 달라고 요청한다. 가능한 아이디어면 채택할 것이고, '이게 뭔 소리냐?'라는 반응이면 그 아이디어가 간사가 쓰는 보고서에 담기지 않도록 하기 위해서라도 새로운 아이디어를 발굴할 것이다. 실제 총괄 업무를 수행하는 간사 또는 간사 조직은 단순히 잡무만 챙기는 실무자 역할(노젓기)만 하는 것이 아니라 '주도적'으로 판을 짜고, 기획하는 역할(조타수)을 할 수 있다.

오히려 좋아

세상에 나만 일하고 있는 것 같다 느껴질 때면 생각을 달리 바꿔보는 것이다. 나만 일하니까 내가 원하는 방향으로 주도해 나갈 수 있는 틈을 찾는 것이다. 간사가 할 수 있는 운신의 폭 안에서 충분히 가능한 일이다. 천성이 소심한 수달은 "저 사람 제멋대로 일한다"란 소리 듣기 싫어서 예로 든 것처럼 하진 못한다. 다만 전체적인 방향을 기획하고, 그 방향에 맞도록 부서의 시야를 조정하는 정도의 노력함으로써 내가 끌고 가는 이 업무가 단지 의무만 가득한 일이 아니라 책임감을 가지고 끌고 갈 수 있는 일이 되도록 노력한다.

'나 때'를 외치며 도전을 강요하고, 실제로는 기득권의 저항을 우려해 도전적인 과제를 가지치면 꼰대가 될 수 있다.

꼰대 프롤로그

자꾸 새로운 걸 해보라 닦달하고, 가져가면 이래서 어렵고 저래서 안 된다고 핀잔주기 일쑤인 그. 도통 알 수 없는 행동을 이해하기 위해 꼰대 곁으로 한 발짝 다가가 본다. 한 발짝만 말이다.

보통 꼰대는 '나 때'로 말문을 뗄 수 있을 정도의 경험을 보유하고 있다. 성공과 실패의 경험으로 마일리지가 충분히 쌓여야 '나 때'란 표현을 쓸 수 있는 법, "내가 해봐서 아는데…"와 함께 쓰며 강화된 꼰대력을 보이기도 한다. 그런데 웬만한 건 다 해봤고, 모르는 게 없는 그도 자신보다 더 꼰대스러운 상사의 지시로 골치 아프다. 그런 의미에서 어쩌면 99%의 직장인은 꼰대와 일하고 있는지도 모른다.

보통 성과는 '새로운 일'과 밀접할 때가 많다. 문제는 기존 업무나 사업과의 차별성을 강조할수록 기득권 저항을 피하기 어렵다는 것.
새로운 사업을 하나 시작하려면 수없이 많은 To-do list와 '이렇게 해도 되나?'라는 자기 의심, 그리고 협조가 필요한 부서의 저항에 끊임없이 직면한다. 성공과 실패를 막론하고 말이다. 결국 아이러니하게도 첫 도전이 그 이후의 도전을 두렵게 만든다. 게다가 이제 결정권자로 진급해 편할 만한 해지나 싶은데 그 많은 장애물을 헤쳐나갈 선봉에 서라고 들이밀어지니 부하의 기획안이 영 탐탁치 않을 법하다.

결국 '나 때'를 외치며 도전을 독려하는 꼰대도 그게 얼마나 어려운 일인지를 '나 때' 겪어봐서, 진짜 도전적인 과제가 결재판에 끼워져 있으면 부담스럽게 느껴지는 것이다. 훈장질은 하고파도 훈장으로서 선봉에 나서기엔 부담스러운 법이다.

꼰대 에필로그

수달은 꼰대의 탄생 배경에 공감하지만 닮고 싶진 않다. '그래, 한 번 해봐'라고 해주는 상사도 많기 때문이다. 실무자의 노력을 꽃 피우는 건 상사의 몫이다. 아무리 멋진 문장과 논리로 무장한 보고서도 중간 관리자가 No하면 꽃 필 수 없다. 이미 산전수전을 겪었지만 실무자를 믿고 선봉에 서는 상사도 많다. 나만 믿는 바보들….

"우리 과장님, 너무 꼼꼼해서 모시기 힘들다"라는 말을 이제 달리 해석하자. 상사가 내 보고서를 지나치게 꼼꼼하게 살펴본다는 건 험난한 전장의 선봉에 서기 위한 준비라고 봐도 무방하니까. 사업을 기획한 실무자의 의지를 상사 본인보다 더 깐깐한 꼰대들에게 설득하기 위함이다. 그런 이유가 아닌데도 그런다고? 어서 탈출하길.

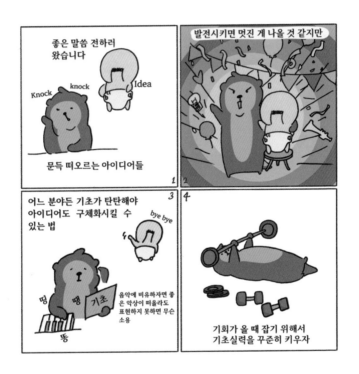

꿰어야 보배

    알고리즘이 이끄는 대로 유튜브를 서핑하던 수달은 유명 래퍼
가 비트메이킹을 배우는 영상을 보게 됐다. 떠오른 영감을 표현하

려고 비트메이킹을 시도했으나 작곡 툴에 익숙지 않아 끙끙대다 결국 포기하는 모습이 영상에 담겼다. 어느 분야든 통용되는 형태로 아이디어를 현출할 수 있어야 한다. 알고 있는데 쓰지 못하는 내용은 없다. 쓰지 못한 내용은 모르는 것이다. 작곡가는 오선지에 떠오른 선율을 옮길 수 있어야 하고, 화가는 물감과 붓 터치로 밑그림과 채색을 할 수 있어야 자기 생각이나 영감을 다른 사람에게 전달할 수 있다. 보고서도 마찬가지. 남들이 이해할 수 있는 표현으로 조리 있게 표현해야 내 생각을 오해 없이 전달할 수 있다.

보고서를 자주 쓰는 직장인은 내가 알고 있는 바를 글로 잘 현출할 수 있는 능력을 갖춰야 한다. 내가 아는 바를 단순히 글로 정리하는 것도 쉽지 않은데 다른 사람, 특히 상사가 이해할 수 있는 글을 쓰기란 쉽지 않다.

직장생활 실전 압축 근육: 경험

시시한 결론이지만 직장생활에서 기초체력을 키우는 왕도는 경험이다. 생소하고 어려운 업무는 누구나 하기 싫다. 몇 번 해본 사람도 하기 싫은 마음은 같다. 다만 경험한 일이라 주의해야 할 곳이 어딘지도 알고, 대강의 길을 알고 있어서 쉽게 지치지 않을 뿐이다. 책으로 배울 수 없는 경험의 가치가 중요한 이유다. 끝나고 난 회의나 행사, 쓰나미 같이 밀려오는 보고서 작성과 보고의 시간이 지나고 나면 공허함만 남는 것 같지만 그 와중에 남는 것이 있

다. '꼭 기억해야 해'라고 되새기지 않아도 몸에 배는 그런 것 말이
다. 초임 때 많이 경험하고 까여봐야 연차 쌓여서 자존심 구길 일
이 없다.

34화. 솔직한 게 제일 강력하다

신뢰를 걸고 얼버무리겠습니까?

어떤 일이 처음부터 끝까지 완벽할 수 있을까? 이상적인 계획에 따라 일이 처리되기란 순정만화 로맨스처럼 비현실적이다. A부터 Z까지 기획 의도대로 순탄하게 진행되는 사업은 드물다. 예상치 못한 변수를 만나 일부는 떨어져 나가고, 일부는 덧대지기도 한다. 중요한 건 본질을 지키는 것이겠지만 이리 치이고 저리 치이면서 담당자는 의욕이 떨어질 때가 많다.

담당자 한 사람이 처음부터 끝까지 챙기는 일은 없다. 여러 부서 사정과 관련기관의 요청사항을 반영하거나 협의하는 과정에서 업무는 복잡해질 때가 많다. 뜨겁게 시작했지만 이 상황 저 상황 수정 요청을 반영하다 보니 미지근해질 때도 있다. 어찌 됐든 그 과정도 필요하다. 다양한 부서 의견을 반영해 조금씩 업무를 추진해 나가는 과정 그 자체가 중요하기도 하니까.

결국 복잡한 실타래는 풀리고, 정리된다. 그러나 그 과정은 순탄하지 않을 수 있다. 그래서 중간 과정을 보여주는데 거부감이 든다. 잘 빠진 최종 결과물로 보고하고 싶은 생각에 조율이 필요한 이슈를 묻어둔 채 잘 진행되고 있단 식으로 보고할 때도 있다. 상사는 안심하고 있지만 사실 복잡한 업무 뒤치다꺼리에 담당자는 눈코 뜰 새 없을 것이다.

결국 수습하지 못한 채로 만료기한이 다 됐을 때 전혀 다른 분위기의 보고를 상사에게 할 땐 늦다. 애초에 문제가 있음을 보고 했다면 상사의 고민을 합쳐서 해결할 수 있었을지도 모른다. 이제 상사는 다음 업무부터 담당자를 신뢰하지 못하게 된다. 자꾸 꼬치꼬치 캐묻고 더 꼼꼼하게 동향 보고를 받는 식으로 일을 챙기게 된다. 결국 담당자만 더 힘들어진다. 그야말로 악순환.

그래서 있는 그대로 보고하는 연습을 해야 한다. 엉망인 보고서를 '네가 알아서 하라'라는 식으로 보고하란 게 아니다. 노력해 봤으나 이런 이슈로 현재 진행이 더디며, 업무의 진행에 변수가 있음을 상사는 알 필요가 있다. 내가 제대로 하지 않아서가 아니라 일하다 보면 잘되는 일, 잘 안 되는 일이 있을 수밖에 없기 때문이다. 그래야 또 다른 시야로 해결책이 제시되거나 방향을 수정하는 결정이 내려질 수 있다. 끙끙대며 묵혀 둬 봤자 결국 수면 위로 떠오를 이슈라면 애초에 솔직하게 보고하고, 상사가 해줄 수 있는 방안을 요청해야 한다. 일이 되지 않으면 안 되는 대로 상사에게 보고할 책임과 권리가 있다.

있는 그대도 솔직하게 이야기하는 건 보고할 때만 필요한 게 아니다. 다른 부서 사람이나 동료와 공적인 대화를 할 때도 중요하다.

가끔 수달에게 칭찬도 아니고 비판도 아닌 어투로 말을 하는 사람들이 있다. 의중을 정확하게 알 수 없는 표현으로 애매모호하게 말하는 사람들이 있다.

"일단", "크게 신경 쓸 일은 아닌데", "그런 거를, 이런 거를(추상적인 표현)", "~를 조금 해주면", "우리 쪽에서 알아서"

이런 표현을 쓰는 사람들은 항상 급하다. 뭔가 빨리 대답하도록 분위기를 몰아간다. "아, 네네"라고 대충 넘겨달라는 식으로 말이다. 그리고 나면 좀 지나서 이상한 협조 메일이 올 때가 많다. 몇 번을 데어본 수달은 이제 이렇게 묻는다.

"지금 뭐라고 말씀하시는 건지 정확하게 모르겠어요.", "그러니까 A를 우리가 하고 B를 그 부서에서 작성한다는 건가요?", "제가 A를 하면 되는 건가요?"

명확하고 구체적일수록 협조해 줄 수 있는 책임도 확실해진다.

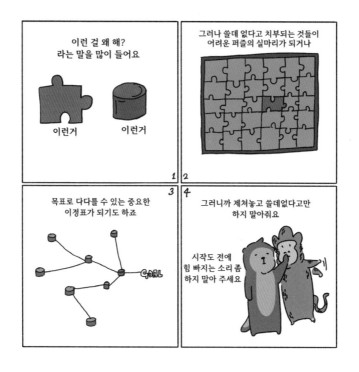

직장에서 새로운 뭔가를 하려면 큰 용기가 필요하다. 새로움 그 자체보다 새로움을 바라보는 부정적 시선을 견뎌낼 용기라고 하는 것이 더 정확하겠다. 새로운 걸 제시하면 안 되는 이유부터 찾는다. '불확실하다', '어려움이 예상된다', '해야 할 다른 일이 너무 많아서', '이미 하는 것과 중복되고', '이상적이다'라는 피드백 속에서 확

고했던 의지도 조금씩 무뎌진다.

익숙하지 않은 일을 피하고 싶은 건 자연스러운 일이다. 일에서, 특히나 공적인 일에서 가장 중요한 것 중 하나가 '책임'이다 보니 새로운 일 → 불확실함 → 책임소재 → 저항으로 이어지는 경우가 많다. 안 되면 말고는 없기 때문이다. 일단 시작된 업무는 예산과 인력이 투입되기 때문에 책임의 문제에서 자유로울 수 없다.

새로움 = 두려움

매년 하반기가 되면 다음 연도에 할 사업을 구상해야 한다. 모든 분야가 그런 건 아니지만 '신규시책'이란 이름으로 새로운 정책이나 사업을 구상하도록 많은 부서 담당자가 압박받는다. 새로운 사업을 구상한다는 건 크게 두 가지 부담이 있다.

첫째, 가보지 않은 길에 대한 원초적 두려움이다. 면밀한 사전 검토를 했더라도 실제 어떤 결과로 이어질지는 알 수 없다.

둘째, 업무 가중이다. 제도나 사업이 한번 만들어지면 좀처럼 없애기 힘들기 때문에 새로운 사업을 구상한다는 건 곧 업무 증가로 받아들여진다. 물론 이런 문제를 해결하기 위해 일정 기간이 지나면 검토를 거쳐 정책을 폐지하는 일몰제라는 제도도 있다.

결국 '새로운 일'은 두려움의 대상이 되기 십상이다. 담당자뿐만 아니라 관리자에게도 마찬가지다. 새로운 일이 가져올 장단점을 잘 판단해서 결정을 내리게 될 텐데, 조직 특성상 단점이 더 부각되기 마련이다. 장점이라면 성과에 따른 인센티브가 될 것이며, 단점이라면 예상치 못한 이슈 발생에 따른 대응과 저조한 성과에 따른 책임이 될 것이다.

용두사미 사업

그러다보니 최초 기획 단계에서 획기적이던 사업이 검토를 거칠수록 기존 사업과 유사해질 때가 많다. 기존 사업을 개선하는 경우도 마찬가지다. 새로운 걸 하든, 기존의 것을 개선하든 새로움을 외치지만 현재를 뒤엎어야 할 계기가 명확하지 않은 한 '점진적'으로 변할 수밖에 없다. 결국 기존 사업의 '개선'에 그치는 경우가 많다. '변화', '혁신'은 정말 쉬운 단어가 아니다.

새로운 기획이 검토를 거쳐 결정되었다고 하더라도 문제는 여전히 존재한다. 바로 집행이다. 새로운 사업을 구상하기도 어렵지만 그 사업을 의도대로 집행할 수 있도록 설계하는 건 더 어렵다. 그래서 현명한 담당자는 지금만 생각하지 않고 그 이후까지 고려해 정책이나 사업을 기획한다. 집행을 염두에 두지 않은 기획은 이상(ideal)에 불과하고, 기획 없는 집행은 전형적인 방식(old)을 벗어나기 어렵다는 걸 알기 때문이다.

집행까지 고려해 사업을 검토할수록 현 단계를 뛰어넘는 비약적인 도약이 이뤄지기 어렵다. 고려해야 할 변수가 늘수록 기획 단계의 정체성은 흩어지고 두루뭉술해진다. 결국 획기적 기획보다는 점진적인 개선에 더 무게중심을 두는 결론이 나기 쉽다.

우여곡절 끝에 새로운 기획을 확정했을 때 담당자는 어떤 형태로든 성과를 인정받게 된다. 담당자가 순환보직에 따라 이동하고 난 다음 후임자는 어떻게 될까? 보통의 경우 기획의 성공단계에서 성과를 인정받고, 집행을 담당하는 후임자에겐 주어진 업무 그 이상

그 이하도 아닌 게 되는 경우가 많다. 소위 샴페인을 터뜨리고 간 선임의 뒤치다꺼리를 후임이 하게 되는 경우도 많다. 그러다 보니 기획 단계의 담당자도 보수적으로 사업을 바라보는 경우가 크다.

그냥 해오던 대로 해

그러다보니 자연스럽게 해오던 일만 하려는 경향이 강하다. 기존 업무는 타당성을 인정받은 것으로 간주되기 때문이다. 이미 누군가 해오던 일이라는 점에서 불확실성이 떨어지고, 전임자가 만들어 놓은 루틴이 이미 있기 때문에 업무와 관련된 변수도 예측(대응)하기 쉽기 때문이다.

기존 업무에서 벗어난 생각은 자연스럽게 '쓸데없다'고 인식된다. 이미 만들어진 루틴대로 흘러가야 편한데, 새로운 변수를 만들어서 불확실성을 높이는 게 부담스러운 것. 해오던 대로의 일이 곧 효율적이거나 바람직한 게 아닐 수 있는데 말이다. 특히 안타까운 건 특정 시기에 특정한 이유로 만들어진 절차가 후임자를 거치면서 당연한 관행으로 굳혀졌을 때다. 법적으로 거칠 필요 없는 절차가 끼어 있어 수달은 이를 거치지 않고 부서로 넘기려 했더니 해당 부서에서 검토를 거치라 종용하는 경우도 있었다.

'해오던 대로 해'라는 장벽을 넘어야 새로운 것을 담을 수 있다. 쓸데없다고 치부된 것이 제도개선의 실마리가 되거나 바람직한 목표를 이루는 중요한 '점'이 될 수 있다.

보고서 작성 요령을
챗GPT에게 알려줄 수 있을까?

요즘 가장 핫한 인공지능인 챗GPT를 활용하면 보고서를 더욱 잘 작성할 수 있지 않을까? 한 번 챗GPT에 항만 배후 부지의 발전 계획을 다루는 보고서를 작성시켜 보자. 보고서의 주제는 예시로 <안동항 항만 배후 부지의 유휴 공간에 솜사탕 자동 사출 장치를 설치해야 한다.>로 잡아보자.

계획 보고서일까? 기획 보고서일까?

좋은 보고서를 작성하려면 이 보고서가 기획안인지, 계획안인지를 먼저 구분해야 한다. 과연 '안동항 항만 배후 부지의 유휴 공간에 솜사탕 자동 사출 장치를 설치해야 한다.'라는 내용이 계획 보고서인지 기획보고서인지 챗GPT에게 물어보자. 본문에서는 <GPT-4>와의 대화 내용을 수록하고 있다.

> "안동항 항만 배후 부지의 유휴 공간에 솜사탕 자동 사출 장치를 설치해야 한다."라는 주장을 담은 보고서를 작성하려고 합니다. 이 보고서는 기획보고서인가요? 계획보고서인가요?

> 이 보고서는 기획보고서로 분류할 수 있습니다. 기획보고서는 특정 아이디어, 제안 혹은 프로젝트의 필요성과 실행 가능성을 검토하고 평가하는 문서입니다. 여기에서 "안동항 항만 배후 부지의 유휴 공간에 솜사탕 자동 사출 장치를 설치해야 한다."라는 주장을 검토하고 평가하기 위한 보고서로 보입니다.

계획보고서는 이미 결정된 계획이나 프로젝트를 실행하기 위해 필요한 자세한 절차와 일정을 설명하는 문서입니다. 만약 이 보고서가 주장된 아이디어의 실행에 대한 구체적인 계획과 일정을 다룬다면 계획보고서로 분류할 수 있겠지만, 현재 정보만으로는 기획보고서에 가깝다고 판단됩니다.

GPT-4는 정확하게 이 보고서의 성격을 파악하고 있다. 솜사탕 자동 사출 장치의 설치가 필요하다는 주장을 담은 문서이니 아직 확정되지 않은 일에 대한 접근을 담은 글이 될 것이며, 이는 기획보고서에 해당한다. 만약 여러분이 보고서의 성격을 파악하는 데 어려움을 겪고 있다면 GPT-4에 물어보면 도움을 받을 수 있다.

37화. 챗GPT로 세부목차와 내용 작성하기

세부목차 설계하기

이번에는 각 목차에 해당하는 내용을 설계해 보자. 이번에는 프롬프트 엔지니어링을 수행하여 GPT-4의 답변 성능을 끌어올리는 과정도 소개하겠다.

먼저 GPT-4에 목차 작성을 요청해보자.

"안동항 항만 배후 부지의 유휴 공간에 솜사탕 자동 사출 장치를 설치해야 한다."라는 주장을 담은 기획보고서의 목차를 작성하시오

목차

1.1. 서론
　1.1.1. 배경 및 목적
　1.1.2. 기획보고서의 구성 및 범위

1.2. 안동항 항만 배후 부지의 현황
　1.2.1. 위치 및 인프라
　1.2.2. 유휴 공간 분석
　1.2.3. 주변 환경 및 시설

매우 훌륭한 목차이다. 다만 이 목차는 분량이 많은 보고서의 작성을 전제로 만들어진 것 같다. 공공기관에서 좋아하는 <추진 배경 - 현황 및 문제점 - 주요 내용 - 향후 계획> 4단 구성의 목차로 재구성하려면 조금 골치가 아플 것 같다.

챗GPT의 답변이 우리 기관의 선호 목차와 규격이 다르다고 하여 실망할 필요는 없다. 지금부터 프롬프트 엔지니어링을 통해 우리 기관에서 선호하는 목차 작성 방식을 알아보자. 아울러 보고서에 들어갈 각 목차가 어떤 역할을 하고, 어떤 방식으로 작성해야 하는지 알아보자. 앞으로 우리가 문장의 작성을 요청하면, GPT-4는 우리가 알려준 요령을 참고하며 새로운 문장을 생성할 것이다.

지금부터 보고서에서 자주 사용되는 목차의 종류 및 그 작성 요령을 간략히 설명하겠습니다.

(1) 추진 배경
보고서를 왜 쓰게 되었는지 그 이유를 작성합니다. 너무 거창한 내용을 기재하는 것을 삼가야 합니다. 전달하는 바를 지엽적이고 명확히 밝혀야 합니다.

(2) 현황과 문제점
기획의 내용을 실행해야 하는 필요성을 제시합니다. 현황은 정확한 통계를 바탕으로 간결하게 작성합니다. 문제점은 대응이 필요한 문제점을 지적하는 부분으로, 논리적으로 작성할수록 개선방안의 타당성이 높아집니다.

(3) 주요 내용
보고서에서 가장 중요한 부분으로, 분량 면에서 절반 이상을 할애해야 합니다. 문제에 대한 대응방안, 새로운 아이디어 등에 대하여 입체적으로 서술해야 합니다. 여러 개의 전달 내용이 있다면 이들 중 일부를 하나의 더 큰 카테고리로 묶을 수 있는지 고민하는 것이 좋습니다. "So What"과 "So How"에 대한 해답을 제시할 수 있어야 합니다.

(4) 향후 계획
문제점에 대한 해결방안을 구체적으로 어떤 순서와 방식으로 진행할지에 대한 계획을 서술합니다.

위 내용을 모두 숙지하셨습니까?

네, 알겠습니다. 간략하게 다시 요약하겠습니다.

1. 추진 배경: 보고서 작성 이유를 명확하게 전달합니다.
2. 현황과 문제점: 현황을 정확한 통계를 바탕으로 기술하고, 문제점을 논리적으로 지적합니다.
3. 주요 내용: 가장 중요한 부분으로, 문제에 대한 대응방안과 아이디어를 입체적으로 서술합니다. "So What"과 "So How"에 대한 해답을 제시합니다.
4. 향후 계획: 해결방안을 구체적으로 진행할 순서와 방식에 대한 계획을 기술합니다.

이렇게 4가지 주요 목차와 작성 요령을 이해하셨다면, 보고서 작성에 도움이 될 것입니다.

자, 이제 챗GPT가 목차를 작성하는 법을 터득한 것 같다. 이제 목차 작성을 의뢰해보자.

이해한 내용을 토대로 "안동항 항만 배후 부지의 유휴 공간에 솜사탕 자동 사출 장치를 설치해야 한다."라는 주장을 담은 기획보고서의 목차를 작성하시오.

안동항 항만 배후 부지의 유휴 공간에 솜사탕 자동 사출 장치를 설치해야 한다는 주장을 담은 기획보고서의 목차는 다음과 같이 작성할 수 있습니다.

1. 추진 배경

1.1   안동항 항만 배후 부지의 유휴 공간 활용 필요성

1.2   솜사탕 자동 사출 장치의 인기와 시장성

2. 현황과 문제점

2.1   안동항 항만 배후 부지의 유휴 공간 현황

2.2   솜사탕 판매의 현황과 문제점

2.3   항만 부지의 활용도와 관련된 문제점

3. 주요 내용

3.1   솜사탕 자동 사출 장치의 기능 및 특징

3.2   솜사탕 자동 사출 장치를 설치할 위치와 규모

3.3   항만 배후 부지의 소비자들과 상권 분석

3.4   경쟁력 있는 솜사탕 판매 전략 및 마케팅 아이디어

4. 향후 계획

4.1   솜사탕 자동 사출 장치의 설치 및 운영 일정

4.2   예상되는 수익 및 투자비용 분석

4.3   장기적인 발전 방향 및 계획

이러한 목차를 토대로 기획보고서를 작성하면 주장에 대한 설득력과 체계성이 높아질 것입니다.

완벽하다! 챗GPT가 목차 작성 요령을 충분히 숙지한 것처럼 행동하고 있다. 지시하려는 바를 명확하고 간결한 매뉴얼 형태로 전달하면 챗GPT가 그를 준수하는 방향으로 작동하려 애쓰게 된다.

이처럼 텍스트 입력을 토대로 챗GPT의 답변 방향을 제한하거나, 잠재력을 최대한 끌어내는 과정을 '프롬프트 엔지니어링(Prompt Engineering)'이라고 부른다.

목차 내 세부구조 설계

> **1. 추진 배경**
> 1.1　안동항 항만 배후 부지의 유휴 공간 활용 필요성
> 1.2　솜사탕 자동 사출 장치의 인기와 시장성
>
> **2. 현황과 문제점**
> 2.1　안동항 항만 배후 부지의 유휴 공간 현황
> 2.2　솜사탕 판매의 현황과 문제점
> 2.3　항만 부지의 활용도와 관련된 문제점
>
> **3. 주요 내용**
> 3.1　솜사탕 자동 사출 장치의 기능 및 특징
> 3.2　솜사탕 자동 사출 장치를 설치할 위치와 규모

GPT-4가 작성한 목차를 자세히 살펴보자. 이미 모든 세부목차에서 겹치는 내용 없이, 덩어리 구조가 잘 분리되어 있다. 목차 설계를 손볼 필요는 없어 보인다. 딱히 불필요한 명사형 문장도 사용되지 않았다. 생각보다 작문 솜씨가 더욱 뛰어나다.

이제 각각의 세부목차를 구성하는 문장의 흐름을 설계해 보자. 모든 세부목차의 내용을 설계하는 과정을 설명하기보다는, 한 가지 토픽을 잡고 그 토픽을 설득력 있게 작성하는 방식에 대하여 예시를 보여주겠다.

먼저 통계자료가 있어야만 설득력을 갖출 수 있는 항목을 제외하고, 그 항목에 논리적으로 의존관계가 성립하는 항목들을 제외하겠다. 이 항목들을 모두 제외하면 목차 (3.4)만 살아남는다. <경쟁력 있는 솜사탕 판매 전략 및 마케팅 아이디어> 파트를 작성해 보겠다.

별도의 프롬프트 엔지니어링을 새로 수행하지 않고, 목차 설계를 부탁했던 채팅방에 그대로 요청을 전달해 보겠다.

"안동항 항만 배후 부지의 유휴 공간에 솜사탕 자동 사출 장치를 설치해야 한다."라는 주장을 담은 기획보고서를 작성하고 있다. '3.4. 경쟁력 있는 솜사탕 판매 전략 및 마케팅 아이디어' 파트를 A4용지 1페이지 분량으로 작성하려고 하는데, 총 몇 개의 문단이 배치되면 좋을지, 그리고 각 문단이 어떤 내용을 전달해야 하는지 요약하여 작성하시오.

A4용지 1페이지 분량의 '3.4. 경쟁력 있는 솜사탕 판매 전략 및 마케팅 아이디어' 파트를 작성하기 위해 약 5개의 문단을 배치하는 것이 적절합니다. 각 문단이 전달할 내용은 다음과 같이 요약할 수 있습니다.

1문단: 서론
경쟁력 있는 솜사탕 판매 전략과 마케팅 아이디어의 중요성 및 목적을 간략하게 소개합니다.

2문단: 타깃 고객 세분화 및 맞춤형 전략
안동항 항만 배후 부지의 소비자들을 세분화하여, 각 타깃 고객에게 맞춤형 솜사탕 판매 전략을 제시합니다.

3문단: 제품 차별화 전략
솜사탕 자동 사출 장치의 독특한 기능이나 특징을 활용하여 경쟁력 있는 제품 차별화 전략을 설명합니다.

4문단: 프로모션 및 마케팅 전략

소셜 미디어, 온라인 광고, 이벤트 등 다양한 채널을 활용한 프로모션 및 마케팅 전략을 제시합니다.

5문단: 결론

경쟁력 있는 솜사탕 판매 전략 및 마케팅 아이디어의 전반적인 내용을 요약하고, 이를 통해 안동항 항만 배후 부지에서 성공적인 솜사탕 사업을 기대할 수 있다는 점을 강조합니다.

위와 같은 구성으로 A4용지 1페이지 분량의 내용을 작성하면, 이 파트의 목적과 내용을 명확하게 전달할 수 있습니다.

완벽하다! 각 문단에서 보고서의 설득력 확보를 위해 전달해야 할 메시지를 확실하게 설계하고 있으며, 메시지 전달을 위한 문단 작성 전략까지 제공하고 있다. 이 지시문을 따라 그대로 보고서를 작성하여도 좋을 것 같다.

만약 프롬프트 엔지니어링 없이 동일한 질문을 전달한다면 어떤 결과가 만들어질까?

"안동항 항만 배후 부지의 유휴 공간에 솜사탕 자동 사출 장치를 설치해야 한다."라는 주장을 담은 기획보고서를 작성하고 있다. '3.4. 경쟁력 있는 솜사탕 판매 전략 및 마케팅 아이디어' 파트를 A4용지 1페이지 분량으로 작성하려고 하는데, 총 몇 개의 문단이 배치되면 좋을지, 그리고 각 문단이 어떤 내용을 전달해야 하는지 요약하여 작성하시오.

1문단: 서론 및 목적

이 문단에서는 기획보고서의 목적과 주제인 "안동항 항만 배후 부지의 유휴 공간에 솜사탕 자동 사출 장치를 설치해야 한다."라는 주장을 소개합니다. 솜사탕 판매를 통해 지역 경제 활성화와 관광 증진의 중요성을 강조합니다.

2문단: 시장조사 및 타깃 고객 분석

안동항 지역의 현재 시장 상황과 솜사탕의 수요를 분석하고, 타겟 고객층을 도출합니다. 이를 바탕으로 솜사탕 판매 전략을 효과적으로 수립할 수 있습니다.

3문단: 제품 차별화 전략

경쟁력 있는 솜사탕 판매를 위해 제품 차별화 전략을 제시합니다. 예를 들어, 독특한 맛이나 모양, 지역 특산물을 활용한 솜사탕 등이 있습니다.

4문단: 프로모션 및 마케팅 전략

소비자들의 관심을 끌고 판매량을 높이기 위한 프로모션 및 마케팅 전략을 제안합니다. 소셜 미디어 광고, 이벤트, 협업 등 다양한 채널을 활용해 솜사탕의 인지도를 높입니다.

아주 엉망진창이 되어버린다. 전체 보고서의 주제와 해당 목차의 역할을 언급하였음에도 불구하고 챗GPT는 보고서 전체의 기승전결을 이 한 페이지에 모두 녹여내려 시도하고 있다. 가장 문제가 심각한 부분은 1문단이다.

이것이 프롬프트 엔지니어링의 유무가 끼치는 영향이다. 첫 번째 목차 기획안을 토대로 세부 문장 설계를 시도해 보자.

세부목차를 채우기 위한 문장 설계

3문단: 제품 차별화 전략

솜사탕 자동 사출 장치의 독특한 기능이나 특징을 활용하여 경쟁력 있는 제품 차별화 전략을 설명합니다.

4문단: 프로모션 및 마케팅 전략

소셜 미디어, 온라인 광고, 이벤트 등 다양한 채널을 활용한 프로모션 및 마케팅 전략을 제시합니다.

5문단: 결론

경쟁력 있는 솜사탕 판매 전략 및 마케팅 아이디어의 전반적인 내용을 요약하고, 이를 통해 안동항 항만 배후 부지에서 성공적인 솜사탕 사업을 기대할 수 있다는 점을 강조합니다.

서론부터 차례로 문장을 작성하고 완성해나가겠다. 아울러 이제 프롬프트 엔지니어링의 중요성은 충분히 체감했으리라 생각되므로, 프롬프트 엔지니어링을 진행하지 않은 사례는 더 소개하지 않겠다. 각 문단을 작성하는 과정을 보자.

"안동항 항만 배후 부지의 유휴 공간에 솜사탕 자동 사출 장치를 설치해야 한다."라는 주장을 담은 기획보고서를 작성하고 있다. '3.4. 경쟁력 있는 솜사탕 판매 전략 및 마케팅 아이디어' 파트의 서론을 작성하려고 한다.

서론은 '경쟁력 있는 솜사탕 판매 전략과 마케팅 아이디어의 중요성 및 목적'을 소개하는 것을 목표로 한다.

서론을 1문단 분량으로 작성하시오

안동항 항만 배후 부지에서 솜사탕 자동 사출 장치 사업을 성공적으로 추진하기 위해서는 경쟁력 있는 솜사탕 판매 전략과 마케팅 아이디어가 필수적입니다. 이러한 전략과 아이디어는 소비자들의 관심을 끌고, 지속적인 매출 증대를 끌어낼 수 있는 기반이 됩니다. 본 파트에서는 경쟁력 있는 솜사탕 판매 전략과 마케팅 아이디어의 중요성과 목적을 소개하고, 이를 바탕으로 안동항 항만 배후 부지에서 솜사탕 사업이 차별화된 경쟁력을 갖추어 성공할 방안을 제시하고자 합니다.

문장이 조금 맛이 없기는 하지만, 어려운 단어가 전혀 사용되지 않았고, 누구든지 이해할 수 있도록 쉬운 문장이 사용되었으므로 보고서의 역할을 수행하는 데에는 지장이 없다. 합격이다.

GPT는 특성상 한 번 작성한 글자를 지우지 않으며, 오로지 직진만 할 수 있는 작문 기계이다. 그러다 보니 뒤에 작성한 문장을 토대로 앞의 내용을 수정하는 작업이 불가능하므로 여러 개의 문장을 한 번에 생성하다 보면, 아직은 인간 전문가에 비해 부족한 부분이 발생한다.

굳이 같은 내용을 첨삭해 보자면 다음과 같이 수정해 볼 수 있다. 단, 최대한 원래의 단어를 다른 단어로 교체하지 않고 문장의 구조만 손보겠다.

> 🌀 안동항 항만 배후 부지에서 솜사탕 자동 사출 장치 사업을 성공적으로 추진하기 위해서는 경쟁력 있는 솜사탕 판매 전략과 마케팅 아이디어가 필수적입니다. 이는 소비자들의 관심을 끌고, 지속적인 매출 증대를 끌어낼 수 있는 기반이 될 것입니다. 본 파트에서는 솜사탕 판매 전략과 마케팅 아이디어의 중요성을 소개하고, 이를 바탕으로 솜사탕 사업이 차별화된 경쟁력을 갖출 방안을 제시하고자 합니다.

여기에서 단어의 교체까지 수행한다면 정말로 보고서에 수록해도 손색이 없는 문장을 만들어낼 수 있을 것이다. 여러분이 속한 조직이나 분야에서 선호하는 형태의 문장으로 손봐서 사용하기 바란다. 만약 문장을 손보는 과정이 번거롭다면 관련 분야의 보고서를 두세 편 가량 GPT-4에 보여주고, 위 문장을 비슷한 말투로 고쳐달라 요청하는 방법도 있다.

보고서를 마저 작성해 보자.

바로 이어서 두 번째 문단을 작성해 주세요.

두 번째 문단은 '타겟 고객 세분화 및 맞춤형 전략'을 다룹니다.

안동항 항만 배후 부지의 소비자들을 세분화하세요. 그리고 각 타겟 고객에게 맞는 맞춤형 솜사탕 판매 전략을 제시하세요.

먼저 안동항 항만 배후 부지의 소비자들을 다음과 같이 세분화할 수 있습니다: 항만 직원들, 근처 사무실 직원들, 관광객들, 그리고 주변 거주민들. 이렇게 다양한 소비자층을 고려한 맞춤형 솜사탕 판매 전략을 제시하겠습니다.

1. 항만 직원들: 이들은 일상적으로 항만에서 근무하며, 솜사탕 자동 사출 장치를 이용할 가능성이 큽니다. 그들을 위한 전략으로는, 근무 시간 외에 특별한 할인 이벤트를 진행하거나, 충성도 프로그램을 통해 이용 빈도를 높일 수 있습니다.

2. 근처 사무실 직원들: 사무실 직원들은 점심시간이나 퇴근 후에 이용할 확률이 높습니다. 이들에게 맞춤형 전략으로는 퇴근 시간대에 진행되는 프로모션 이벤트를 마련하거나, 회식 및 이벤트에 솜사탕 자동 사출 장치를 활용할 수 있는 기획을 제안할 수 있습니다.

3. 관광객들: 관광객들은 일시적으로 안동항을 방문하여 항만 부지를 즐기는 사람들입니다. 이들을 위한 전략으로는, 관광 명소와 연계된 패키지 상품을 제공하거나 소셜 미디어를 통해 안동항의 특별한 이벤트나 프로모션을 홍보할 수 있습니다.

4. 주변 거주민들: 주변 거주민들은 항만 부지와 가까운 거리에 살며, 지역 커뮤니티를 형성합니다. 이들에게 맞춤형 전략으로는, 지역 축제나 행사에 솜사탕 자동 사출 장치를 참여시키거나, 거주민들이 참여할 수 있는 소규모 경품 이벤트를 기획할 수 있습니다.

이렇게 세분화된 타깃 고객에 따른 맞춤형 솜사탕 판매 전략을 통해, 안동항 항만 배후 부지에서 솜사탕 사업의 경쟁력을 높일 수 있습니다.

문단이라고 하기에는 개조식으로 예시가 소개되고 있어 분량이 조금 넘치지만, 버릴 만한 내용은 없는 것 같다. 판매 전략도 합리적이다.

바로 이어서 세 번째 문단을 작성해주세요.
세 번째 문단은 '제품 차별화 전략'을 다룹니다.
솜사탕 자동 사출 장치의 독특한 기능이나 특징을 활용하여 경쟁력 있는 제품 차별화 전략을 제시하세요.

솜사탕 자동 사출 장치는 기존의 솜사탕 판매 방식과 차별화되는 독특한 기능과 특징을 갖추고 있습니다. 이러한 장점을 활용한 경쟁력 있는 제품 차별화 전략을 다음과 같이 제시하겠습니다.

1. 혁신적인 기술: 솜사탕 자동 사출 장치는 고도의 자동화 기술을 활용하여 솜사탕 제조 과정을 최적화하고 빠르게 진행할 수 있습니다. 이를 통해 고객들에게 신선하고 즉석에서 만들어진 솜사탕을 제공함으로써 차별화된 경험을 선사할 수 있습니다.

2. 다양한 맛과 모양: 솜사탕 자동 사출 장치는 여러 가지 맛의 솜사탕을 제공할 수 있으며, 독특한 모양과 디자인의 솜사탕도 만들어낼 수 있습니다. 이를 통해 소비자들의 다양한 기호와 취향을 충족시키며, 경쟁력 있는 제품 차별화를 이룰 수 있습니다.

3. 친환경적 접근: 솜사탕 자동 사출 장치는 친환경적인 원료와 포장재를 사용하여 지속 가능한 제품 생산에 기여합니다. 이러한 친환경적 가치를 전달함으로써 소비자들의 환경 인식을 높이고 사회적 책임을 다하는 기업 이미지를 구축할 수 있습니다.

4. 맞춤형 서비스: 솜사탕 자동 사출 장치는 고객들의 요청에 따라 개별적으로 맞춤형 솜사탕을 제작할 수 있는 기능을 갖추고 있습니다. 이를 통해 고객들이 자신만의 독특한 솜사탕을 경험하며, 차별화된 제품 가치를 인식할 수 있도록 합니다.

이렇게 솜사탕 자동 사출 장치의 독특한 기능과 특징을 활용한 제품 차별화 전략을 통해, 안동항 항만 배후 부지에서 솜사탕 사업의 경쟁력을 높일 수 있습니다.

문단이라고 하기에는 큰 분량이지만, 여전히 쉬운 단어를 사용하여 간결한 문장으로 주장을 잘 전개해내고 있다. 네 번째 문단과 다섯 번째 문단도 작성해 보자.

바로 이어서 네 번째 문단을 작성해주세요.
네 번째 문단은 '프로모션 및 마케팅 전략'을 다룹니다.
소셜 미디어, 온라인 광고, 이벤트 등 다양한 채널을 활용한 프로모션 및 마케팅 전략을 제시하세요.

안동항 항만 배후 부지의 솜사탕 자동 사출 장치 사업의 성공을 위해 효과적인 프로모션 및 마케팅 전략을 수립할 필요가 있습니다. 다양한 채널을 활용하여 제품 및 서비스를 알리고 소비자들의 관심을 유도하는 방안을 제시하겠습니다.

1. 소셜 미디어 활용: 인스타그램, 페이스북, 유튜브 등의 소셜 미디어 플랫폼을 활용하여 솜사탕 자동 사출 장치의 독특한 매력과 차별화된 제품을 소개합니다. 이를 통해 젊은 세대를 중심으로 소비자들에게 브랜드 인지도를 높일 수 있습니다.

2. 온라인 광고: 네이버, 카카오, 구글 등의 검색 엔진 및 인기 웹사이트에서 온라인 광고를 진행하여 제품과 서비스를 널리 알립니다. 이를 통해 다양한 연령대와 지역의 소비자들에게 안동항 항만 배후 부지의 솜사탕 자동 사출 장치 사업을 알릴 수 있습니다.

3. 이벤트 및 체험 프로그램: 안동항 항만 배후 부지에서 진행되는 다양한 이벤트와 체험 프로그램을 통해 소비자들에게 솜사탕 자동

사출 장치의 매력을 직접 체험할 기회를 제공합니다. 이를 통해 소비자들의 참여와 호응을 얻을 수 있습니다.

4. 협업 및 파트너십: 관광지, 호텔, 레스토랑 등 다양한 업체와 협업하여 솜사탕 자동 사출 장치를 홍보하고, 파트너십을 맺어 상호 유익한 마케팅을 진행합니다. 이를 통해 사업의 확장성과 지속 가능성을 높일 수 있습니다.

5. 지역 커뮤니티 참여: 지역 축제, 행사, 체육 대회 등에 참여하여 지역 커뮤니티와의 소통을 강화하고, 솜사탕 자동 사출 장치의 인지도를 높입니다. 이를 통해 지역 사회와의 연대감을 높이고, 지역 경제에 기여할 수 있습니다.

바로 이어서 마지막 문단을 작성해주세요.
마지막 문단은 '결론'입니다.
경쟁력 있는 솜사탕 판매 전략 및 마케팅 아이디어의 전반적인 내용을 요약하고, 이를 통해 안동항 항만 배후 부지에서 성공적인 솜사탕 사업을 기대할 수 있다는 점을 강조하세요.

결론적으로, 경쟁력 있는 솜사탕 판매 전략 및 마케팅 아이디어는 안동항 항만 배후 부지에서 성공적인 솜사탕 자동 사출 장치 사업을 이루는 핵심 요소입니다. 이를 위해 우리는 타깃 고객 세분화 및 맞춤형 전략을 통해 다양한 소비자층의 니즈를 충족시키고, 제품 차별화 전략을 통해 독특한 가치를 제공합니다. 또한, 소셜 미디어와 온라인

> 광고, 이벤트 등 다양한 채널을 활용한 프로모션 및 마케팅 전략으로 제품의 인지도를 높이고, 협업 및 파트너십을 통해 사업의 확장성과 지속 가능성을 강화합니다.
>
> 이러한 전략들을 통해 안동항 항만 배후 부지에서 솜사탕 자동 사출 장치 사업은 큰 성공을 거두며, 지역 경제의 활성화와 함께 지역 사회와의 연대감을 높일 것으로 기대됩니다. 이를 바탕으로 안동항 항만 배후 부지에서 독보적인 솜사탕 사업의 성공을 이룰 수 있을 것입니다.

드디어 마무리다! 챗GPT의 답변을 한번 쭉 이어 붙여 읽어보기를 바란다. 도대체 솜사탕 자동 사출장치가 무엇인지는 모르겠지만 그것을 통한 사업화 전략이 명확해 보인다. 심지어 솜사탕 자동 사출장치를 설치할 경우, 지역 경제 활성화에 크게 기여할 수 있을 것 같다는 믿음까지 제공하고 있다.

보고서 작성의 자동화

여기까지가 챗GPT를 활용하여 보고서를 작성하는 한 사이클의 프로세스이다. 보고서를 큰 틀에서부터 작은 틀로 쪼개어 가며 설계하고, 설계의 최하단부에서 작문까지 시켜 보고서를 완성하는 것이다. 이 작업을 각각의 목차마다 실시하면 어느새 한 편의 훌륭한 보고서가 완성된다.

통계자료나 정확한 시장조사 자료가 필요할 경우 여러분이 따로 수집한 데이터를 챗GPT에 텍스트로 그 자료를 제공하면 된다. 챗GPT는 여러분이 제공한 데이터를 본문에 녹여내며 설득력을 더할 것입니다. 추후 사진이나 차트를 별도로 첨부하여 완성도를 더욱 높여볼 수 있다.

2023년 2월 초, 마이크로소프트의 사티아 나델라 CEO는 "향후 몇 주 안에 MS의 제품들에 GPT를 탑재할 것"이라고 밝혔습니다. 또한 "The race starts today."라고 선언하며, 앞으로 인공지능 산업계에서 속도를 느슨하게 늦추는 일은 없을 것이라는 점을 시사했다.

정말로 몇 주 뒤 MS의 검색엔진인 빙(https://www.bing.com/)에 GPT-4가 탑재되었고, 얼마 지나지 않아 워드나 엑셀을 비롯한 오피스 제품군에 코파일럿(copilot)이라는 이름의 GPT-4 인공지능이 탑재될 것이라는 사실까지 공식적으로 발표되었다.

MS 워드에 탑재될 GPT는 채팅을 통해 약간의 데이터와 보고서의 주제만 제공하면 한 편의 완결성 있는 보고서를 직접 작성해준다. 이것이 2023년 하반기부터 보편화 단계로 접어들, 현대의 보고서 작성 방식이 될 것이다.

다만 이 과정에서 많은 사람이 혼란을 겪을 것이다. GPT 기반 인공지능은 어텐션(Attention)이라는 기술로 작동되는데, 어텐션 기반 인공지능의 활용 역량은 결국 프롬프트 엔지니어링 역량으로 인해

결정되기 때문이다. 따라서 이번 챕터에서 소개한 프롬프트 엔지니어링 기법을 반드시 숙지하기를 권장한다.

여러분이 프롬프트 엔지니어링 기법을 토대로 인공지능을 활용하며 순식간에 보고서 초안을 작성하고, 이 책에서 소개하는 다양한 요령들을 토대로 초안을 다듬어 한편의 완성된 작품을 빚어낼 수 있다면 특이점 이후의 세상에서도 여러분의 직무 역량은 눈부시게 빛날 것이다.